基于信息熵的科技学术期刊评价方法研究

马 峥 ◎ 著

科学技术文献出版社
SCIENTIFIC AND TECHNICAL DOCUMENTATION PRESS
·北京·

图书在版编目（CIP）数据

基于信息熵的科技学术期刊评价方法研究 / 马峥著. —北京：科学技术文献出版社，2021.11（2022.7重印）
ISBN 978-7-5189-8597-5

Ⅰ.①基… Ⅱ.①马… Ⅲ.①科技期刊—评价—研究 Ⅳ.① G237.9

中国版本图书馆 CIP 数据核字（2021）第 230468 号

基于信息熵的科技学术期刊评价方法研究

策划编辑：张　丹　　责任编辑：宋红梅　　责任校对：张永霞　　责任出版：张志平

出　版　者	科学技术文献出版社
地　　　址	北京市复兴路15号　邮编 100038
编　务　部	（010）58882938，58882087（传真）
发　行　部	（010）58882868，58882870（传真）
邮　购　部	（010）58882873
官　方　网　址	www.stdp.com.cn
发　行　者	科学技术文献出版社发行　全国各地新华书店经销
印　刷　者	北京虎彩文化传播有限公司
版　　　次	2021年11月第1版　2022年7月第2次印刷
开　　　本	710×1000　1/16
字　　　数	159千
印　　　张	11.75
书　　　号	ISBN 978-7-5189-8597-5
定　　　价	98.00元

版权所有　违法必究

购买本社图书，凡字迹不清、缺页、倒页、脱页者，本社发行部负责调换

序

马峥同志的博士学位论文《基于信息熵的科技学术期刊评价方法研究》经修改完善,将由科学技术文献出版社出版,我感到十分高兴。

他的学位论文稿送外部专家匿名评审时,碰到了一位要求非常严格的专家,这位评审者提出了极其尖锐的意见,因此,马峥认认真真将稿子修改了好几遍,简直就像脱了几层皮。马峥和作为论文指导教师的我都衷心感谢这位评审者。同"严师出高徒"的道理一样,严审应该也出佳文吧。

我个人认为,这本书的内容有一点是值得特别赞许的,即马峥实质上采用了"反事实方法"来进行科技期刊评价,尽管他自己当初不一定意识到了这一点。

反事实方法便是采用"如果怎样,便会如何?"(What if)的思想实验。反事实方法是可以在科技评价领域大显身手的。美国环境保护局认为,评价项目的净效果的一种方法,便是将项目的成果与若是没有这个项目将会发生的情况进行对比(https://scholar.harvard.edu/files/malf/files/jhsph-ie-2014_-v10.pdf)。这一评价思路就属于反事实的评价思路。

举一个例子,美国国会的GAO(原来这个机构的名称是General Auditing Office——"审计总署",现在这个机构已改名为 Government Accountability Office——"政府问责办公室",但前后两个名称的缩写不变)在20世纪90年代调查联邦政府研发税收优惠的效果时,向很多企业发问:"如果没有联邦政府的研发支出税收优惠措施,贵公司的研发支出会不会少一些?"这是一个反事实的提问。该提问获得的真实信息,是很多定量评价难以企及的。在调查中,绝大多数企业对那一反事实提问的回答是(大意):"如果不加强研发投资,我们怎么能获得竞争优势呢?不管联邦政府有没有研发税收优惠措施,我们的研发支出是不会少的!当然,我们对这一措施是支持的。"GAO的研究结论是:联邦政府推出研发支出税收优惠措施的目的,是激励企业进行更多的研发投资,而不是对研发投资行为进行"经费报销"鼓励。既然多数企业并未因为该措施而进行更多的研发投资,就可以认为联邦政府是白忙活了。

马峥同志最初的博士学位论文选题思路基本上被我否定了。当他与我讨论新的选题思路(利用信息熵来评价科技学术期刊)时,我突然意识到,他打算探索的方法实质上属于反事实方法:将待评价期刊从由一批期刊构成的知识系统中抽除(抽除是不可能的,因而是反事实的),看看整个知识系统的熵是增加了还是减少了。如果系统的熵减少了,说明该期刊对知识系统做出了正面贡献。意识到这一点,我非常兴奋,就坚定地支持了这一选题。我认为,博士学位论文在科研设计上具有如此的创新性,是非常难能可贵的。这一新颖设计就奠定了马峥博士学位论文的质量基础。

按照这样的思路,马峥同志采集了 WOS、EI 等外文数据库和中国科学技术信息研究所自建的"中国科技论文引文数据库"的大量期刊数据，验证了论文思路的可行性，取得了令人较为满意的结果。

该书存在的不足是，马峥采用7个指标来计算期刊论文组成的知识系统的熵，是有一点点随意性的。假定采用其他一组指标来计算知识系统的熵，万一在被评价期刊缺位的情况下，系统的熵反而增加，那可怎么办？简直是五雷轰顶了！因此，下一步必不可少的工作，就是研究出没有争议或较少争议的指标体系，用于知识系统之熵的计算。

在此顺便说一点题外话（相对于马峥的著作而言），即什么样的科技评价研究成果算是好成果？

在自然科学领域，发现了自然规律或向这样的发现逼近的研究成果是毫无争议的好成果。我认为，在人文社科领域，好的研究成果除了具有学术意义外，还应能引导好的行为。将有关规律摸清后，据此规律去规范、影响人的行为，是一种作用模式；有时候，相关研究尚未深入到把握了规律的程度，或者在相关研究主题上不一定存在像自然规律那么硬的规律，但研究过程中产生的半成品也能引导人的行为向好的方面转变。但是迄今为止，人们尚不太注意第二种影响行为的路径。

举个例子，中国科学技术信息研究所的科学计量学研究团队在国家自然科学基金支持下完成了面上项目"论文零被引的时间演化规律、影响因素及其应用研究"的研究。这个项目的任务之一，是要识别潜在的"睡美人"文献，并将其尽早唤醒。

"睡美人"是荷兰科学计量学家、普赖斯奖得主 Anthony F. J. van Raan 教授于 2004 年提出的隐喻概念，指的是有些文献在发表后的相当长一段时期内未获得任何引用或被引次数很低，仿佛睡美人在沉睡，而后突然高被引，就像被唤醒一样。那么，对于唤醒睡美人做出重大贡献的施引文献就称为"王子"文献，因为在传说中，是一位年轻王子吻了睡美人之后，睡美人才苏醒过来的。

我们这个团队曾长期探索，科技情报人员能否识别出潜在"睡美人"文献并尽早加以推荐，但迄今的研究表明，这条路未必能走通。当然，我们还得继续探索这条路。

既然引导良性行为是人文社科优秀成果的判据之一，那么，如果上述的路走不通，我们不妨退而求其次，探索另一条路，即"培养"王子（或曰王子型引用者），推动"王子身份的确认"。

设想一下，当我们识别出了足够多的"王子"文献后，就可建立"王子"文献作者的数据库。然后，可向这些作者发放问卷，同时向对照组（比如与"王子"文献作者同机构且与"王子"文献作者合著过论文的另一学者）发放问卷，了解他们的学术行为习惯，比如：他们平均每天花多少时间读文献？喜欢按刊物逐篇浏览还是在数据库进行文献检索后只浏览、阅读检索出的相关论文？他们喜欢（或擅长）写综述文章还是原创论文？他们引用文献时是否介意被引用者本人的身份高低和其所在单位的名气大小？等等。通过这类调查研究，看看这些王子型引用者是否有不同于对照组的共同行为模式。如果有，我们可以写文章将这些模式宣示出来，则有志于做王子型引用者的学者会自觉不自觉地将自己的行为模式向我们介绍的王子行为模式上靠。这样，我们实质上就为培养"王子"做出了间接贡献。有了更多的"王子"，具备睡美人潜质的论文就更可能被较早地唤醒，这对于科学事业发展具有重要意义。科学发现的迟滞承认是一种现象，而并非规律——并非所有科学发现都将遭逢迟滞承认的命运。尽早唤醒具备睡美人潜质的、暂时零被引的论文，就可能将即将发生的、严重的迟滞承认转化为轻微的迟滞承认。

找出"王子"文献的快速准确识别方法，是纯学术研究；诱导更多的学者成为王子型引用者，则是通过研究来影响行为的第二种路径。

科技评价研究是典型的可以而且应该影响人的行为的学术领域。我们假想一种情景：某学者通过统计分析，发现标题较长的科技论文能获得较多引用。于是，某些作者看到这样的"研究成果"后，为了提高自己文章的被引用次数，就刻意将标题抻长。在这种情况下，那个成果客观上引导了不太好的行为。

我们再假想一个研究课题："固定收入较高＋义务性学术劳动"与"固定收入较低＋有偿学术劳动"这两种模式，哪一种的长期效果更好？发达国家主要采用的是前一种模式，科研人员有像样的收入，但评审稿件等都是义务劳动。我国目前主要是后一种模式，大家心知肚明。假定研究结论是斩钉截铁地认可前一种模式，并使我国负责科研管理、财务管理、审计监督、纪检监督等工作的相关部门都能制定更加务实、更加协调、更加能调动科研人员积极性与创造性的政策条规，则这样的研究亦可彪炳史册了。

马峥也好，其他科学计量学研究人员也好，有谁愿意迎接类似的挑战呢？我期待着。

武夷山
中国科学技术发展战略研究院退休研究员
2021 年 7 月 20 日

前　言

　　科技期刊出版是科研成果向社会经济生产转化过程中的重要环节，在国家创新体系中占有重要位置。我国在学术期刊的识别、监测、评价和管理等方面面临着许多问题，主要包括：学术期刊评价理念与方法不能适应学术期刊发展；学术期刊评价思想落后于出版融合概念下的多元化发展态势；科技管理单位和科研绩效评估单位在实践中滥用、误用学术期刊评价体系和结果；学术期刊片面追求单项和关键评价指标数值而导致的学术不端和出版诚信问题。这些问题从情报学研究角度看，可以归结为学术信息集合的静态和动态的定量测度问题。信息熵正是解决信息度量问题的经典理论。在国家社会科学基金项目资助下，本书尝试基于信息熵理论探索创新角度的科技学术期刊评价方法。

　　本书对科技学术期刊的评价角度，是评价期刊在知识传播中对学科发展的贡献。若学术期刊所提供的论文内容具有较重要的价值，就能有效地提高整个知识系统的有序性，体现为对客观世界的认知趋于明朗和一致，对未知领域的错误理解趋于降低和消除，可以理解为通过学术期刊为系统引入负熵的作用。

　　基于信息熵的期刊评价理论是：对于一个孤立的知识系统，信息的引入降低了知识系统的不确定性，实现了系统的熵降低。

在期刊评价领域，知识系统可以看作期刊所提供的内容（论文）集合，学术期刊发表论文被看作一个信息引入过程。知识系统的信息熵随着各种期刊发表论文所做贡献（提供负熵）的积累而下降，体现了人类对知识的认识逐渐清晰，知识系统由混乱走向有序发展的方向。对知识系统整体而言，显示度水平（概率）越高，意味着内容价值越大，也就是学术期刊为知识系统提供负熵的贡献越大。基于此假设，可以将信息熵变化作为一个定量测度信息价值水平的指标用于科技期刊评价工作。

基于信息熵的期刊评价指标设计思路是：系统中每一种学术期刊都在为该系统引入负熵。通过被评价期刊所在的完整知识系统的信息熵和剔除该期刊数据的参考知识系统的信息熵差值的比较，可以计算出被评价期刊对知识系统信息熵降低的贡献。本书构建了对学术期刊论文所构成的知识体系的信息熵的测度模型，并在其基础上通过对比被评价期刊所在学科的知识系统的信息熵的背景量 $H(X)$ 与被评价期刊缺位情况下的知识系统的信息熵的虚拟量 $H(X)'$ 之间的数值变化，来定量反映被评价期刊对知识系统的信息熵降低的贡献。

本书主要的研究创新点在于：一是在学术期刊的评价思路上采用"评价知识贡献来替代评价质量"的逻辑。该定量方法与传统的以引文分析方法为主的定量分析方法相比，突破了同行评议法、传统引文分析方法及替代计量学等现有方法所采用的"评价影响力来替代评价质量"这一评价角度。二是本研究指标体系的构建思路是从信息熵评价角度出发，选择描述不确定性的相关指标。在评价方法的操作性上，针对现实存在的各类问题，从信息熵这个宏观系统状态量的测度出发进行评价，既符合我国学术期刊管理评价的实际需求，又能科学有效地对学术期刊的评价和建设工作提供理论支撑与数据支持,特别是研制了"红点指标""竞争强度"等创新指标。

  在本书研究和撰写过程中,得到了很多老师和同事的指点与帮助,特此感谢。笔者在理论学习、研究方案设计、样本实证及对结果的分析和讨论等方面还有很多不足,敬请读者批评指正。

目 录

第1章 绪 论 ··· 1

 1.1 研究背景 ··· 1
 1.2 研究目标和意义 ··· 15
 1.3 研究内容 ·· 17
 1.4 研究思路 ·· 19

第2章 相关研究综述 ·· 23

 2.1 科技学术期刊传播规律的研究 ···································· 23
  2.1.1 对科技学术期刊传播模式的研究 ························· 23
  2.1.2 基于引文分析探索科技学术期刊生命周期
     全过程的研究 ··· 24
  2.1.3 基于知识扩散理论的期刊信息传播研究 ················ 25
  2.1.4 数字化时代给学术期刊传播方式带来的变化和相关
     问题研究 ··· 26
 2.2 学术期刊评价方法的研究 ·· 28
  2.2.1 基于同行评议的学术期刊评价办法 ······················ 28
  2.2.2 基于传统计量学的学术期刊评价方法 ··················· 30
  2.2.3 基于替代计量学的学术期刊评价方法 ··················· 40

2.2.4 期刊评价活动长期存在的挑战 ·············· 51
2.3 熵的概念与研究应用 ·············· 61
2.3.1 热力学熵概念 ·············· 61
2.3.2 玻尔兹曼熵概念 ·············· 62
2.3.3 信息熵概念 ·············· 63
2.3.4 信息熵概念的发展 ·············· 64
2.3.5 信息熵的应用 ·············· 67
2.4 本章小结 ·············· 70

第 3 章 知识系统信息熵的测度 ·············· 73

3.1 知识系统信息熵的概念 ·············· 73
3.1.1 基于信息熵的学术期刊出版研究 ·············· 73
3.1.2 学术传播的系统属性 ·············· 75
3.1.3 知识系统不确定性的构成 ·············· 77
3.1.4 知识系统信息熵的定义 ·············· 79
3.2 测度知识系统信息熵的原理 ·············· 80
3.2.1 构造指标矩阵 ·············· 80
3.2.2 标准化处理 ·············· 81
3.2.3 知识系统信息熵数值的计算 ·············· 81
3.3 以能源领域为样本测度一个知识系统的信息熵 ·············· 83
3.3.1 数据来源 ·············· 83
3.3.2 知识系统信息熵数学模型 ·············· 86
3.3.3 指标计算 ·············· 88
3.3.4 实证：以能源领域论文为样本 ·············· 93
3.4 本章小结 ·············· 96

第 4 章 学术期刊对知识系统贡献的测度模型 ·············· 99

4.1 研究假设和思路 ·············· 99

4.1.1　研究假设 ·· 99
　　4.1.2　测度思路 ·· 99
4.2　学术期刊对相应知识系统的贡献的测度 ················· 103
　　4.2.1　学科分类体系划分 ·································· 103
　　4.2.2　各学科高频关键词统计 ··························· 103
　　4.2.3　计算各学科领域由期刊论文所构成的知识系统
　　　　　信息熵的背景量 ······································ 104
　　4.2.4　计算被评价期刊缺位状态下对应知识系统
　　　　　信息熵的虚拟量 ······································ 109
4.3　测度学术期刊贡献的实证 ································· 110
　　4.3.1　实证测算 ··· 110
　　4.3.2　结果讨论 ··· 119
4.4　本章小结 ·· 121

第5章　基于信息熵的学术期刊指标评价体系和实证 ········ 123

5.1　构建指标体系 ·· 124
　　5.1.1　准则层构建 ·· 124
　　5.1.2　指标（二级指标）选择和研制 ·················· 124
　　5.1.3　原创指标之一：红点指标的研制 ··············· 127
　　5.1.4　原创指标之二：竞争压力指标的研制 ········· 133
5.2　确定指标的权重 ··· 151
　　5.2.1　专家邀请和调查 ···································· 151
　　5.2.2　调查结果的一致性检验 ··························· 152
　　5.2.3　计算权重 ··· 153
5.3　实证：以中国3713种科技类学术期刊作为样本 ······ 154
　　5.3.1　样本的特点 ·· 154
　　5.3.2　采集数据计算各项指标 ··························· 155
　　5.3.3　计算期刊加权评分 ································· 157

5.3.4　实证结果的讨论 ………………………………… 159
　5.4　本章小结 ……………………………………………… 163

第6章　结论和讨论 ……………………………………… 165

　6.1　主要结论 ……………………………………………… 165
　6.2　研究成果的适用性和比较优势 ……………………… 167
　　　6.2.1　研究成果的适用性 ………………………………… 167
　　　6.2.2　基于信息熵的期刊评价方法相对于以往方法的
　　　　　　比较优势 ……………………………………… 167
　　　6.2.3　评价指标体系的比较优势 ………………………… 169
　6.3　讨论 …………………………………………………… 171
　　　6.3.1　未来研究展望 ……………………………………… 171
　　　6.3.2　研究成果的应用场景 ……………………………… 171

第1章

绪　论

1.1　研究背景

学术期刊是科技事业中不可或缺的重要一环。本书讨论的"学术期刊",如未特殊说明,均指"科技学术期刊"。科技学术期刊的出版工作,是研发活动和科技成果传播转化进程中的重要环节,是国家创新体系中的必要支撑。科技出版活动是科技学术出版产业的重要组成部分。科技学术出版产业涉及广泛,触及了政府科技管理部门、研究资金提供与管理单位、高校、科研机构、科技型企业、数据分析信息服务机构、出版企业及广大科研人员等众多社会群体。

从国家层面看,科技学术期刊是凸显国家国际学术话语权的重要窗口,是国家巩固科技实力和参与全球科技治理的手段之一,也是维护国家科技安全、文化安全的重要工具之一。科技学术期刊的办刊水平和影响力,可以从一个角度反映国家在科技领域影响力的强弱,反映科研水平和科技实力的国际地位,反映国家创新体系的运行效率和对世界科技发展的引领作用。同时科技期刊还是科研活动成果评价工具、知识传播渠道[1]、学术交流

---

[1] SHEMA H, BAR-ILAN J, THELWALL M. How is research blogged? A content analysis approach [J]. Journal of the Association for Information Science and Technology, 2015, 66 (6): 1136-1149.

平台①，在我国科技管理评价工作中发挥着重要作用。

中国科学院首批学部委员、原中国科学院院长卢嘉锡同志对学术出版工作十分重视，曾经将科技出版形容为科学研究工作的龙头和龙尾。自1665年世界第一本学术期刊《哲学汇刊》在英国诞生以来，学术期刊在科学技术发展中担当了重要角色。2008年，国家自然科学基金委员会召开的题为"科技期刊在国家自主创新体系中的作用"的论坛，陈佳洱、师昌绪和朱作言等院士出席并发言强调，科技期刊是反映一个国家科学技术研究水平的重要标志之一，是国际科技交流的一个重要园地，是培养创新型人才的有效途径，代表学术的领导权。②

当前，学术期刊发展建设受到前所未有的重视，无论是在政策层面还是在资源匹配层面，都形成了快速发展的态势，被称作"科技期刊的春天"③。2018年11月14日，中央全面深化改革委员会第五次会议审议通过了《关于深化改革 培育世界一流科技期刊的意见》。会议强调，科技期刊传承人类文明，荟萃科学发现，引领科技发展，直接体现国家科技竞争力和文化软实力。要以建设世界一流科技期刊为目标，科学编制重点建设期刊目录，做精做强一批基础和传统优势领域期刊。会议强调，加强和改进出版工作，要坚持中国特色社会主义文化发展道路，坚持为人民服务、为社会主义服务，坚持百花齐放、百家争鸣，加强内容建设，深化改革创新，完善出版管理，着力构建把社会效益放在首位、社会效益和经济效益相统一的出版体制机制，努力为人民群众提供更加丰富、更加优质的出版产品和服务。④ 2020年9月11日，习近平在科学家座谈会上讲话指出："要办好一流学术期刊和各类学术平台，加强国内国际学术交流。"

---

① 李国红．基于论文交流的科学交流模型［J］．情报杂志，2004，23（6）：56-58．

② 任胜利．为中国科技期刊加油："科技期刊在国家自主创新体系中的作用"专题讨论会在京召开［J］．杂志工作通讯，2008（9）：30．

③ 张薇．走进新时代科技期刊的春［J］．中国科技期刊研究，2019，30（1）：1．

④ 科技日报．建设世界一流科技期刊未来可期［EB/OL］．［2018-11-16］．http：//scitech．people．com．cn/n1/2018/1116/c1007-30404269．html．

第 1 章 绪 论

虽然自改革开放以来，我国期刊的数量迅速增长，期刊出版体系初步形成，学术期刊队伍不断壮大，然而我国期刊还存在质量不高、世界竞争力不强等问题。当前我国科技学术期刊出版领域发展背景可以从以下几个方面阐述。

（1）从宏观层面上看，中国科技期刊出版规模达到世界前列，但影响力存在显著差距

1）中国科技期刊出版规模已经达到了世界前列

新中国成立之初我国科技期刊仅出版约 80 种，至 1978 年出版约 400 种。① 改革开放以后我国期刊规模进入快速积累增加的进程，形成了学科覆盖齐全、办刊单位和人员显著增长、编辑出版工作流程逐步规范、期刊品种规模不断扩张的发展时期。至 2005 年，我国自然科学、技术类期刊数量已经达到了 4713 种②。其后进入稳定期，虽然科技期刊品种数量依然保持增长态势，但每年增幅不大。

目前我国已经成为一个出版大国，科技期刊出版数量已经位居世界前列。根据《乌利希国际期刊指南》数据库统计，期刊数量居前 3 位的国家分别是美国、英国和中国，在全球所占份额分别是 20.8%、12.1% 和 8.4%。

据国家新闻出版署《2019 年全国新闻出版业基本情况》发布的统计数字，我国出版自然科学、技术类期刊 5062 种。③ 我国期刊规模显著扩大的进程正是我国学术出版事业快速成长期。

2）被国际数据库收录的中国科技期刊数量相对较少

中国科技期刊在国际上的认知度较低，但随着近年来中国国家实力的

---

① 张玉华. 我国科技期刊的现状和国际地位［J］. 药学服务与研究，2007，7（3）：161-169.
② 新闻出版总署. 2005 年全国新闻出版业基本情况［EB/OL］.［2018-05-04］http://www.nrta.gov.cn/art/2018/5/4/art_2068_39646.html.
③ 国家新闻出版署. 2019 年新闻出版业基本情况［EB/OL］.［2020-11-03］http://www.nppa.gov.cn/nppa/upload/files/2020/11/a0fbd38dab39dd1f.pdf.

发展、科技影响力的提升及国际科技交流合作的深入，中国期刊才逐渐被国际学术界了解和认可，被国际数据库收录的数量也相应有所增加。①

1987 年，SCI 数据库仅收录了 11 种中国期刊，仅占其全部期刊总量的 0.3%，同期 EI 数据库也仅收录 20 种中国期刊。到 2000 年的时候，我国正式出版的英文科技期刊的数量也仅有 40 种左右。近 20 年，我国科技期刊的数量和国际影响都在显著提升。目前我国出版的英文科技期刊已接近 400 种。至 2017 年，SCI 数据库收录中国期刊的数量上升到了 173 种；EI 数据库收录中国期刊的数量也上升到了 221 种；同期 Medline 数据库收录了 132 种中国期刊；相对较晚出现的 Scopus 数据库收录了 640 种中国期刊。②

但是相较于我国科技期刊总量和各检索系统收录期刊总量，国际数据库收录我国期刊的数量和比例仍然比较低。自 2009 年以来，我国论文总体规模一直保持在世界第 2 位，仅次于美国。据 SCI 统计，中国 2017 年发表国际论文的数量为 36.12 万篇，占世界份额的 18.6%。近年来，我国国际论文数量呈现出逐年显著增长的态势，年增长率在 10% 以上。然而，我国进入 SCI 的期刊数量仍然长期处于较低水平，仅占 SCI 收录全部期刊的 2% 左右。据 SCI 统计，我国发表的国际论文中，每年仅有 7% 左右是发表在中国科技期刊上；我国发表国际论文的总体规模巨大。随着时间发展，这两者之间的差距或者说不平衡发展状态越来越凸显。

3）中国科技期刊的相关引用指标明显落后于科技发达国家

据 JCR 2017 统计，期刊平均总被引频次排在第 1 位的是美国（10 011 次）。与之相比，我国期刊的总被引频次明显较低，平均仅为 1922 次，排名第 22 位。按照 SCI 所设 178 个学科分别统计，2017 年仅有 12 种中国科技期刊排在其所在学科"总被引频次排名"的前 25% 区间。

---

① 徐佳宁. 中外学术期刊数据库特点及其差异［J］. 图书馆杂志，2011，30（1）：40-42，46.

② 中国科技论文统计结果［R］. 北京：中国科学技术信息研究所，2017.

期刊平均影响因子排在第 1 位的是英国（3.061），而我国期刊的平均影响因子为 2.255，排名第 9 位，存在明显差距。按 SCI 所设 178 个学科分别统计，2017 年有 46 种中国科技期刊能排在"影响因子排名"的前 25% 区间（Q1），数量排在世界第 5 位，落后于美国、英国、荷兰、德国。这与我国科技领域近年来飞速发展、研究水平和学术贡献能力持续提升、国际学术影响力不断提高的整体发展趋势不一致。①②

（2）从产业发展层面看，在出版融合概念下，中国科技期刊的发展呈现多元化的发展态势，需要多元化的评价系统和方法

随着信息技术的快速发展，科技期刊发展呈现出多元化态势。2014 年中央全面深化改革领导小组第四次会议审议通过了《关于推动传统媒体和新兴媒体融合发展的指导意见》。③

数字技术的发展自身就呈现出多元多极的特点，从概念的融合到技术的突破，不断衍生出新的应用领域和市场。④ 数字技术的创新应用逐步解构了传统媒体布局的结构和边界，包括内容的解构、用户的细分、渠道灵活性的提升等方面，最终围绕大数据概念，重构融合发展的产业平台。在这个过程中，科技期刊也在探索多元化的发展路径，包括如下几种。

数字出版（Digital Publishing）：它继承了电子出版（Electronic Publishing）的概念。⑤ 电子出版是把计算机技术引入出版活动，是相对于传统的

---

① 晋雅芬. 中国科技期刊：数量增幅较快，质量差距不小［N］. 中国新闻出版报，2008-10-23.

② 伍军红，孙秀坤，孙隽，等. 期刊影响力指数与影响因子评价国际期刊的比较研究［J］. 编辑学报，2017，29（5）：500-504.

③ 人民网. 习近平：推动媒体融合发展要遵循新闻传播规律［EB/OL］.［2018-04-05］. http://media.people.com.cn/n/2014/0819/c192372-25496087.html.

④ TOKAR A, BEURSKENS M, KEUNEKE S, et al. Science and the internet［M］. Düsseldorf：Düsseldorf University Press，2012：209-222.

⑤ 王贤文，刘趁，毛文莉. 数字出版时代的科学论文综合评价研究［J］. 中国科技期刊研究，2014，25（11）：1391-1396.

纸张油墨生产方式而言的概念。①② 数字出版的定义范畴有所扩张，把数字化技术手段和出版活动全流程都涵盖了进来。③

媒介融合（Media Convergence）④ 是以打通媒介内容生产为核心，在计算机技术和网络技术发展的基础上，实现用一套系统（计算机系统）和同一个平台（互联网）来传输同源内容（数字形态），进而实现各类型媒介之间的内容一致性、兼容性和联通性。

知识服务（Knowledge Service）是指以服务对象的一致性需求为线索，构建复杂知识连通系统，涵盖知识节点（显性知识）和知识网络（隐性知识），实现为服务对象提供有针对性的知识内容（商品）和解决方案（服务）。⑤ 知识服务概念是信息服务概念的延伸。知识服务的特点是以用户需求为起点、以知识系统为中心⑥，面向知识内容和解决方案的服务。⑦ 对于科学研究来说，各类科技文献资源，特别是学术期刊资源，是"知识经济"⑧ 的核心资源⑨⑩。

---

① LANCASTER F W. The evolution of electronic publishing［J］. Library trends，1995，43（4）：518-527.

② MONOPOLI M，NICHOLAS D，GEORGIOU P，et al. A user-oriented evaluation of digital libraries：case study the "electronic journals" service of the library and information service of the University of Patras，Greece［J］. Aslib proceedings，2002，54（2）：103-117.

③ 张立. 数字出版编辑实务教程［M］. 沈阳：辽海出版社，2001：1-50.

④ 郭毅，于翠玲. 国外"媒介融合"概念及相关问题综述［J］. 现代出版，2013（1）：16-21.

⑤ 博伊索特. 知识资产：在信息经济中赢得竞争优势［M］. 张群群，陈北，译. 上海：上海世纪出版集团，2005：1-50.

⑥ 吴雪，陈冰洁. 知识狂欢，凛冬将至，出版业何以待春风？：巨头涌入，知识服务领域将如何生长？［N］. 新出版日报，2017-09-29.

⑦ QUINN J B. Managing the intelligent enterprise：knowledge & service-based strategies［J］. Planning review，1993，21（5）：13-16.

⑧ OCED. The knowledge-based economy［EB/OL］.（2017-11-09）［2017-02-15］. http://www.oecd.org/sti/sci-tech/theknowledge-basedeconomy.htm.

⑨ 庄子逸. 重视知识与"知识宝库"［J］. 图书馆杂志，1983（3）：3-6.

⑩ 李平. 论知识经济与科技期刊的发展［J］. 北方经贸，2000（5）：141-142.

优先出版（Priority in Digital Publishing）一般是指发挥互联网传播效率和信息容量的优势，把传统期刊排期待发表的内容提前发布。优先发表意味着期刊出版单元从"卷"和"期"演变为"篇"。

开放存取出版（Open Access Publishing）是在系统性地规范版权权益、永久保存机制、充分开放传播等条件下的新型学术出版模式。开放存取有利于推动论文成果的广泛和及时传播①，有利于促进科学知识的高效转化②，有利于更大范围进行科学交流③④，有利于提升基础性科学研究的开放利用程度⑤，有利于研究资料的有序保存。

自媒体（We Media）的定义是"普通大众经由数字科技强化、与全球知识体系相连之后，一种开始汇集普通大众所提供与分享他们身边的事实、他们本身的新闻的途径。"⑥ 包括个体的自出版和平台的自出版。学术内容的自媒体出版通常采用的评价方式是后评价，即先发表并广泛传播，随后征集和归纳大量读者的评议和反馈，再对原始内容形成评价意见。后评价方式是对传统科研成果同行评议体系的突破性探索。但是后评价体系的缺点同样显著，主要问题是，被评价客体数量巨大，而能够提供优质评价的主体数量要小得多，存在供求不平衡问题，大量存在缺陷的研究结论在充分评审和验证前已经传播出去，由此产生错误信息的无序扩散等。

---

① 杨兵，彭超群，李向群，等. 开放存取出版模式与中国学术期刊国际化［J］. 中国科技期刊研究，2009，20（3）：516-518.

② 王细荣. OA式科学交流系统的建构与社会功能：基于社会—技术互动网络的观点［J］. 情报理论与实践，2010，33（3）：29-33，36.

③ 李国红. 论科学交流的基本形式及其发展［J］. 情报探索，2006（9）：43-46.

④ 徐丽芳. 科学交流系统的要素、结构、功能及其演进［J］. 图书情报知识，2008（6）：114-117.

⑤ 刘晶晶. 国外开放获取期刊的同行评议方式研究［J］. 编辑学报，2017，29（2）：200-203.

⑥ WILLIS C, BOWMAN S. We Media: how audiences are shaping the future of news and information［R］. Arlington: American Press Institute, 2003: 7-62.

可视化出版（Journal of Visualized）①，即利用视频技术、虚拟现实技术及可视化工具将科学成果以多维形式展示，有助于传达和理解抽象的科学概念与研究发现。可视化出版需要与传统期刊论文相配合才能更全面清晰地表述科学成果。

交互式出版（Interactive Publishing）：传统出版的信息传播一般是单向传递，而交互式出版在传播内容的同时，获取和展示内容使用者与内容创作者之间的交流痕迹。② 交互式出版的例子有：维基百科类型的共建共享型出版平台，或开放并公开显示读者评论信息的学术资源平台。③ 换一个角度看，交互式出版是围绕原始出版内容，不断吸收更多来自读者的反馈信息，累积成为增容部分出版内容，同时将读者转化为作者的出版形式。

增强出版（Enhanced Publication）是多类型出版内容和复杂存储技术协同的新型出版概念④。与传统科技期刊相比，增强出版增加了大量相联系的信息资源。这些资源通常由论文的作者团队提供，用于更加丰富生动地揭示研究成果。⑤

语义出版（Semantic Publishing）通过语义标签的生成、分配、链接等信息技术手段，从更小的信息单元概念重新组织期刊论文的学术内容，在方便读者提高阅读效率和检索精度的同时，实现对知识网络和路径的深度揭示。⑥例如，

---

① EPPLER M J, BURKHARD R A. Knowledge visualization：towards a new discipline and its fields of application［M］. Lugano：University of Lugano, 2004：1-30.

② ACKERMAN M J, SIEGEL E, WOOD F. Interactive science publishing：a joint OSA-NLM project［J］. Information services & use, 2010, 30：39-50.

③ 宋恩梅. 基于信息共享的网络科学交流［J］. 图书情报知识, 2006（1）：16-19.

④ MARJAN V-G. Emerging standards for enhanced publications and repository technology：survey on technology［M］. Amsterdam：Amsterdam University Press, 2009：51-150.

⑤ 刘锦宏, 张亚敏, 徐丽芳. 增强型学术期刊出版模式研究［J］. 编辑学报, 2016, 28（1）：15-17.

⑥ SHOTTON D. Semantic publishing：the coming revolution in scientific journal publishing［J］. Learned publishing, 2009, 20（22）：85-94.

利用文本挖掘、机器翻译、知识图谱①等信息技术②，以专题、专刊、专栏等形式，打破出版内容既定结构，重新遴选组织成为内容集合体，并针对特定用户形成新的产品或服务。

（3）中国科技期刊发展面临的突出问题

1）科技出版资源供给不足，拟办科技期刊审批通过难度较大

我国科技论文发表数量排名已跃至世界第二，但是90%以上的国际论文是发表在国外期刊上。近年来我国论文数量增幅越来越大，但是我国科技期刊数量增幅却很小，科技出版资源供给与需求不平衡，需求显著大于供给。新办科技期刊审批通过难度较大。有一部分国内科研单位只能选择在境外创办科技期刊。

2）科技期刊出版单位规模小，专业化程度低

由于我国科技期刊出版管理体制相对僵化，长期以来未能随着研究活动的发展及科技出版产业的变化而进行必要的调整和突破，因而形成了目前我国科技期刊出版单位小、散、弱的状态。③截至2018年，我国有能力集中出版10种以上科技期刊的出版单位仅有8家。据统计，我国自然科学领域的全部5000多种期刊分散于4300多家出版单位，其中96%的出版单位仅出版1种期刊。这样的局面造成我国科技期刊出版单位普遍专业化程度较低，不能形成集团优势，很难吸引专业人才④，不具备与国际学术出版机构竞争的能力。

3）对存在诚信缺失、弄虚作假等行为的不良期刊惩治不力

部分期刊追求经济利益，牺牲学术质量，迎合低端发表需求，滋生了

---

① 杨思洛，韩瑞珍．知识图谱研究现状及趋势的可视化分析［J］．情报资料工作，2012（4）：22-28．

② 王琪．科学知识图谱及其在体育科学研究中的应用［J］．西安体育学院学报，2010，27（5）：528-531．

③ 常春，林月惠．我国科技期刊事业发展战略思考［J］．中国科技期刊研究，2002，13（2）：153-155．

④ 王跃飞．学术期刊编辑的信息能力及其功能［J］．安徽工业大学学报（社会科学版），2005，22（2）：123-124．

缺失诚信、弄虚作假、人为操纵计量指标等不良现象，败坏了学术风气。这样的期刊在学术界和出版界普遍受到指责和非议，但是政府相关管理部门迄今没有出台具体的惩治措施。由于这些低劣期刊的存在，污染了学术环境，也在一定程度上影响了依赖于期刊指标的各级科研绩效评价和成果管理体系的可信度。

4）科技期刊推广平台比较分散，传播力较弱

在计算机技术、互联网技术特别是移动互联网技术和基于大数据的人工智能技术蓬勃发展的背景下，学术期刊对传播推广平台的倚重越发凸显。①②③ 现有的中国科技期刊推广平台比较分散，而且大部分自建平台结构开放性不足，功能设计简单，与科技期刊依托融合出版提供知识服务的发展方向不相适应。④ 例如，2016年全国科技期刊中，仅有31%的期刊使用微信、微博、手机应用等新媒体出版形式。

（4）在应用层面上，学术期刊的评价方法和结果延伸应用于科技管理评价

科技评价是科研管理的重要手段之一。科技评价一般可以从两个方面来认识：一方面，可以理解为是对研究发现和技术创新成果的学术水平的测度，通常包括特定学科研究层面的创新性判断、通用方法层面的科学性判断、应用层面的服务社会经济发展的潜在价值判断。另一方面，可以理解为是对研究人员、研究团队、大学研究机构和实验室、国家等从微观到宏观上不同主体的科研能力和绩效水平的评价。

无论从哪一个角度来认识科技评价，学术论文都是重要的评价依据。

---

① 马殷华，黄勇. 信息网络环境下学报编辑出版学研究［J］. 编辑之友，2012（11）：73-75.

② 杨一铎，黄文. 全面分众化时代的来临：网络媒体前景展望［J］. 编辑之友，2013（2）：101-103.

③ 张向谊. 同行评议对科技期刊的宣传作用［J］. 编辑学报，2013，25（1）：13-14.

④ 代艳玲，朱拴成，杨正凯，等. 科技期刊传播质量和影响力提升途径与实践［J］. 编辑学报，2017，29（3）：222-225.

科技活动中，发表学术论文是体现科研工作数量、质量的重要形式，也是科研成果记载、传播、转化的重要途径。据统计，科技创新活动超过2/3的成果最先发布在各个领域的科技期刊上。基础研究领域论文形式的成果比例更高，某些学科已经超过了90%①。

学术论文的评价很大程度上依赖于科技期刊的评价。长期以来，学术期刊采用同行评议的审稿机制来控制评价标准和论文质量。② 科技期刊通过评审而接受和发表论文，本身就具有评价功能。研究成果通过论文的形式表述，再经过同领域小同行的评议。③④ 在作者和审稿人之间进行学术探讨甚至辩论，才能发表和进一步传播。⑤⑥ 因此学术期刊之所以能够实现学术成果记载平台和交流平台的功能，是因为科技期刊具备对研究论文进行科学、客观、有效评价的职责，也就是具有科研评价的功能。⑦⑧ 在科学界尽管对同行评议制度存在诸多争议，但是目前从应用角度来说，同行专家评议仍然是最可靠、操作性最强的科技论文和成果的评价方法。⑨⑩

---

① 迟玉华. 科技期刊在知识创新体系中的功能特征 [J]. 中国科技期刊研究, 2004, 11 (1): 2-5.

② 胡菲. 高校科技期刊同行评议制度调查与分析 [J]. 科技与出版, 2012 (9): 117-120.

③ 刘丽萍, 刘春丽. 开放同行评议利弊分析与建议 [J]. 中国科技期刊研究, 2017, 28 (5): 389-395.

④ 张君晓, 傅晓琴, 李嘉. 如何科学有效地进行科技期刊稿件的审查 [J]. 中山大学学报论丛, 2005, 25 (3): 301-303.

⑤ 许文深, 姚远. 科技期刊审稿的发展 [J]. 编辑学报, 2001, 13 (2): 70-72.

⑥ 张敏. 同行评议制度与科技期刊编辑的角色 [J]. 中国科技期刊研究, 2014, 25 (11): 1360-1362.

⑦ 彭芳, 金建华, 黄建荣. 我国学术期刊实现有效同行评议"四部曲" [J]. 中国科技期刊研究, 2017, 28 (5): 402-406.

⑧ 孙丽华. 学术期刊同行评议的实践：以《Nuclear Science and Techniques》为例 [J]. 中国传媒科技, 2017 (1): 73-75.

⑨ BROAD W, 缪其浩. 论文由少变多的把戏 [J]. 世界科学, 1982 (1): 32-34.

⑩ 杜杏叶, 李贺, 王玲. 中国学者对学术论文公开同行评议的接受度研究 [J]. 图书情报工作, 2018, 62 (2): 73-81.

在我国的科研管理和评价体系中,科技期刊的评价功能已经在科技人才和团队选聘、科技项目管理与评估、科研机构绩效考核等方面得到应用,在科技管理与评价活动中发挥着举足轻重的作用。[①] 在各类科技评价实践中,同行评议一般处于首选地位[②],广泛应用于各种科技评价活动中。实践中,同行评议工作的组织效率是一个很大的挑战。[③] 把科技期刊的评价结果应用于科技管理活动,可以在一定程度上减轻同行评议专家的工作负荷,提高科技管理工作效率。[④]

学术期刊之所以成为科技评价中的重要工具,原因有二:一是源于学术期刊本身的属性。高水平科技期刊出版单位在组稿眼光、审稿质量和学术影响力等方面都较强,保证了发表论文的整体水平较高[⑤],因此以高水平期刊论文作为替代变量,对科研成果的水平进行评估和计量其实是不无道理[⑥],在国际科学研究活动领域中,通过发表学术成果的期刊来反映论文水平是通常做法[⑦],许多国家都在使用SCI作为科技管理与评估评价的重要数据来源[⑧]。在高水平期刊上发表论文情况及其被引用情况的相关统计数据具有评价功能,这一点在《科学技术评价办法(试行)》中也没有完全否

[①] 陈峰,杨晓,陈晓江. 科研评价体系中学术论文评价实证分析 [J]. 长安大学学报(社会科学版),2017,19(2):58-63.

[②] 蒋国华,方勇,孙诚. 科学计量学与同行评议 [J]. 中国科技论坛,1998(6):25-28.

[③] 丁明刚. 核心期刊的异化现象应予关注 [J]. 中国科技期刊研究,2008,19(1):121-123.

[④] 蒋国华. 大学排行的科学与文化:再谈大学排行榜的认识与误区 [J]. 高教发展与评估,2012,28(5):1-9,123.

[⑤] 杜开昔,姜明山. 对期刊文章和开题报告的同行评审 [J]. 自然辩证法通讯,1988,10(4):25-32.

[⑥] 李力. SCI与科研绩效评价 [J]. 情报杂志,2003(7):92-93.

[⑦] 叶沈溪,许为民. 文献计量学在科研评价中的应用进展 [J]. 图书馆论坛,2003,23(4):12-14.

[⑧] 张丽霞. "核心期刊"能否用于评价基础科研成果 [J]. 中国科技期刊研究,2005,16(2):193-196.

定。二是出于其可操作性和方便性的考虑。在传统的科技期刊评价活动中,同行评议占有非常重要的地位。① 但是出于便捷性、科学性和公正性考虑,减少同行评议制度中必然存在的主观性过强的问题,通常还需要用客观指标数据来加以补充完善②③,也就是将同行评议方法与科学计量学定量评价指标和统计分析方法结合起来对学术期刊进行评价。④⑤ 在实践应用中,近年来应用定量指标的情形日趋普遍,这样评价活动的可操作性和方便性有所增强,但是因过于追求可操作性而滥用学术期刊评价结果,也产生了一些争议。⑥⑦

(5) 应用中的具体问题集中反映在科研绩效评估中,存在不当使用学术期刊评价体系的情况

2018年10月23日,科技部、教育部、人力资源社会保障部、中科院和工程院等管理部门发布的《关于开展清理"唯论文、唯职称、唯学历、唯奖项"专项行动的通知》指出,为深入贯彻习近平总书记在两院院士大会、中央财经委员会第二次会议上重要讲话精神,根据《中共中央办公厅国务院办公厅关于深化项目评审、人才评价、机构评估改革的意见》和《国务院关于优化科研管理提升科研绩效若干措施的通知》要求,决定多部门共同开展清理"唯论文、唯职称、唯学历、唯奖项"(简称"四唯")专

---

① 赵艳静,王新英,何静菁. 防止同行评议造假的可行性措施 [J]. 编辑学报,2017,29 (2):142-144.

② 刘明. 科学计量学与当前的学术评价量化问题 [J]. 浙江学刊,2004 (5):181-185.

③ 冯广清. 科技期刊编辑部与同行评议审稿人关系的改进路径探讨 [J]. 科技传播,2016,8 (21):8-9.

④ 成方哲,刘素菊,张俊华. 科技期刊同行评议问题分析与对策 [J]. 编辑学报,2015,27 (4):373-374.

⑤ 万昊,谭宗颖,朱相丽. 同行评议与文献计量在科研评价中的作用分析比较 [J]. 图书情报工作,2017,61 (1):134-152.

⑥ 胡绍君. 期刊评价功能的异化、析因与回归 [J]. 中国科技期刊研究,2019,30 (8):812-818.

⑦ 方卿. 我国学术期刊同行评审现状分析 [J]. 中国编辑,2006 (6):57-61.

项行动。"四唯"之中，首当其冲的就是"唯论文"问题，这是涉及范围最广泛的问题，也是在科技评价活动中受到诟病最多的问题。合理发挥学术论文成果评价功能是科技界、教育界广泛关注的问题。①

在很多情况下，学术期刊的评价功能是通过建立期刊学术质量分级评价结果来实现的。目前在利用学术期刊评价功能时出现的较突出问题包括：一些非正式的或以讹传讹形成的、过于简单的甚至错误的分类方法代替了严谨的学术质量和影响力评价。② 例如，国家级期刊、省级期刊等说法仍有一定市场，其实从来没有任何期刊管理部门进行过这类划分。③ 有人用一些综合性评价活动的结果来替代学术质量和影响力评价。一些期刊出版单位只关注评价结果，却忽视了期刊评价结果对期刊建设的指导功能。④ 一些科研机构追求在核心期刊上的发文数量，但是对文献分布理论和概念缺乏必要了解⑤，导致学术期刊评价结果在科研评价中的滥用⑥。朱晓华等认为中国科研评价存在的 3 个负面现象中，过度重视 SCI 这类期刊是最亟待解决的重要问题。⑦⑧

---

① 王志娟，法志强. 科研人员视角的学术期刊影响力因素分析及其对期刊发展的启示［J］. 中国科技期刊研究，2019，30（5）：559-564.

② 金铁成. 用核心期刊评价科研成果时应注意的几个问题［J］. 河南工业大学学报（社会科学版），2007，3（4）：58-60.

③ 戴立春，吴瑞芳. 略论科技期刊的分级［J］. 编辑学报，2000，12（3）：143-145.

④ 陈颖. 评价与被评价：当下学术期刊学术功能异化的一个视角［J］. 现代传播（中国传媒大学学报），2014，36（1）：61-63.

⑤ 马智，刘卫国，赵建逸. 核心期刊及其功能异化［J］. 中国科技期刊研究，2004，15（4）：378-380.

⑥ 丁康，张燕. 评《中文核心期刊要目总览》及其对学术评价的负面影响［C］//全国核心期刊与期刊国际化、网络化研讨会文集. 北京：中国科学技术期刊编辑学会，2003：93-101.

⑦ 朱晓华，高春东. 中文权威核心期刊学术论文价值综合评价体系的构建与实践：以地理学科为例［J］. 地理科学，2019（8）：1199-1205.

⑧ 蒋国华. 中国引入 SCI 三十年：序党亚茹教授《基于 ESI 的科学影响力分析》［J］. 郑州轻工业学院学报（社会科学版），2008，9（5）：42-44.

还应该注意到采用主成分分析等定量分析方法简化评价体系的科学方法和过度依赖"影响因子"等单项指标不当做法之间的差别。①②

从深层次原因看，对于学术期刊的基本传播规律和机制的认识不足，使我国学术期刊的管理不能有的放矢，缺乏明确发展思路，同时学术期刊的结构存在一些缺陷。近年来，管理部门对期刊品种总量控制的管理模式过于单一和僵化，出版单位未能形成与科学技术发展需求相匹配的提升期刊质量的有效机制，期刊低水平重复现象严重。③ 由于学术期刊所具有的关联性和反馈性，期刊发展与出版行业的相关问题会间接影响到科技成果转移转化及产业化、政产学研用结合、科技资源统筹、科技计划和经费管理改革等方面，导致一系列问题的产生。④ 多种问题的汇集形成了广受诟病的"评价导向"问题。

1.2 研究目标和意义

本研究的目标是：面向学术期刊发展的需求和学术期刊管理评价的需求，针对现有学术期刊评价理念与方法不能完全适应学术出版行业发展的现实问题，通过引入信息熵理论，构建由学术期刊发表的论文集合所构成的知识体系，并依托引文分析方法形成的指标，形成知识系统信息熵的定量计算模型；在此基础上，通过测度学术期刊对所在知识体系的学术贡献（引入的负熵）来实现对学术期刊出版活动效率和效具的评价，从全新视角研制出对学术期刊质量与影响进行定量评价的新方法。研究的最终目标是

---

① 余以胜，刘芷欣. 科技期刊的综合评价方法研究：主成分分析法［J］. 重庆大学学报（社会科学版），2010，16（1）：119-123.

② 郑航. 基于改进主成分分析法的 Topsis 在学术期刊评价中的应用研究［J］. 重庆工商大学学报（自然科学版），2018，35（1）：91-97.

③ 陈燕，王召兵. 高校核心期刊分析与评价［J］. 信息技术，2011（3）：174-177.

④ 王国栋. 科技期刊公益性与商品性之博弈［C］//第六届中国科技期刊发展论坛论文集. 北京：中国科学技术协会，国家新闻出版总署，2010：272-275.

为我国学术期刊管理工作提供更加实用的理论依据和数据支撑。

在经典信息论中，对信息量的测度不考虑消息的内容重要性或内在意义。信息量的多少和信息的重要性没有必然的联系，经典信息熵只是在数量层面计算出一个数值，并非直接表示该信息的重要性。某期刊为知识系统的信息熵引入了多少负熵，就反映该期刊为学科发展做出多少贡献。在本研究中，拟采用构建指标体系的方式，通过对信息熵的变化的定量计算，解决对信息效用的测度问题。

近年来，我国学术期刊的发展并没有跟上科技进步的脚步。原中国科协副主席、北京理工大学冯长根教授认为，我国科技期刊的差距体现在不同层次上："一是我国科技期刊发展的水平以及所发表的大量论文的成熟程度和创新程度与我国科学技术发展的总体水平还不相适应；二是科技期刊发表学术论文时滞与科研人员追求科技成果即时发表、科学发现首发权的要求还不相适应；三是科技期刊作为科学共同体的主要范式之一，在建设和谐学术生态中发挥的作用与国家创新体系建设的客观需要还不相适应。"[1] 要解决这些问题，需要期刊管理部门和出版从业者从本质上认识学术期刊。

学术期刊的核心功能是分享科学家的研究认知和创新技术突破[2]，是学术信息的有序和有效传播途径。[3] 从情报学角度看，学术期刊的识别、监测、评价和管理等问题可以归结为学术信息集合的静态与动态的定量测度问题。[4] 信息熵方法正是解决信息度量问题的经典理论方法。

深入到信息熵理论层面对期刊学术传播规律展开研究，是从本质上认识学术期刊，探索学术期刊在科学发展和知识传播中发挥的作用与实现机制，

---

[1] 冯长根. 中国科技期刊数量增幅快质量差距不小[EB/OL]. (2008-10-23)[2017-02-10]. http://scitech.people.com.cn/GB/131715/8233749.html.

[2] 胡其峰. 科技期刊：留住好论文是关键[N]. 光明日报，2011-04-12.

[3] 刘杨，赵大良，葛赵青. 学术期刊信息的传播模式[J]. 编辑学报，2005，17(6)：410-412.

[4] 王乃信，张慧凤. 关于信息度量问题的思考[J]. 西北农林科技大学学报（自然科学版），2004，32(1)：108-112.

对于情报学、信息传播研究、学术出版研究和科技成果研究具有重要理论意义。

以科学理论为基础，丰富和完善对学术期刊的评价，并尝试从更多角度研究和解决当前我国学术期刊成长过程中遇到的困难和瓶颈问题，对保障科技创新驱动国家发展具有重要现实意义。

1.3 研究内容

本研究主要针对科技学术期刊，包括学术性期刊和技术性期刊，而不适用于指导性期刊、市场类期刊、科普期刊等非学术期刊。

本研究假设，科技学术期刊的作用之一是减少科学认识中的不确定因素。科学认识中的不确定因素减少的过程是知识系统的熵减过程。学术期刊出版的根本目的是通过对科学发现和技术创新成果的传播推广，使人们更加准确地认知科学问题和规律。通过定量方法，测度学术出版前后知识系统信息熵的变化量，研制测度科技学术期刊贡献的评价方法。

在孤立的知识体系中，用文献规模、分布范围、集中度、利用率等多种属性及其相应指标，来反映学科内认知的不确定程度。[①] 科学知识作为一种信息，其传播过程可以通过描述引用来反映。引用是学术同行在科学研究过程中使用前人所发现或创造的科学知识的行为，能够为追踪知识流动，描述知识系统信息熵的变化量提供可操作的分析手段。

研究内容划分为以下4个主要部分。

第一部分是建立描述知识系统信息熵的模型。

根据信息熵的定义，信息熵可通过计算随机变量在其所在样本空间中分布的概率而得出。本研究尝试测度由学术期刊出版的论文集合所构成的知识系统的信息熵。这一期刊论文集合所描述的知识系统的信息熵将采用一组文献计量指标模型来描述和计算。

---

① 张建华. 知识管理系统模型新探 [J]. 商业研究, 2006 (16): 82-85, 148.

文献计量指标的设计主要通过引文分析方法来选择。① 例如，对于某一种学术期刊来说，其所刊发论文被后续研究引用，通常代表该论文对于相关研究产生了影响，使人们对某一个科学问题的理解更加一致和清晰，降低了对科学认识的不确定性。可以将期刊被引用的次数进行数值处理，作为指标模型中的一个指标，用来标识和反映由于学术期刊出版行为所贡献的不确定性降低的幅度（期刊引入的负熵），即信息熵变化的幅度。

第二部分是以能源研究领域论文集合为样本计算知识系统的信息熵。

能源领域的发展是一个典型的知识系统的信息熵随时间和研究过程而逐渐减少的例子。对于能源领域而言，人们在探索未来能替代现有不可再生能源的研究中，可能的选项相对明确（包括煤炭、天然气、石油 3 种传统能源和太阳能、风能、核能、生物质 4 种新能源）。研究活动对未来成为主流能源的选择可以看作一个随机变量。用文献规模、分布范围、集中度、利用率等多种属性和相应指标，可以反映这个知识系统内认知的不确定程度。从大时间跨度对比的文献分析可以看出，起初探索研究各种类型的传统能源和新能源时，不确定性相对较高。随着相关科研实践的积累，不同类型能源成为未来主流能源的概率发生了变化，体现出系统不确定性确实在逐渐降低。

以新能源研究领域为样本实证计算一个以期刊论文集合构成的知识系统的信息熵随时间变化的情况；通过对这个知识系统信息熵的计算和对时间序列上变化情况的分析，验证本研究第一部分提出的假设，即对于一个孤立知识系统，信息的引入降低了知识系统的不确定性，可以理解为通过学术期刊为系统引入负熵的作用，导致系统混乱程度的降低。

第三部分是测度学术期刊对知识系统的贡献（引入的负熵）。

基于前面两个部分的研究内容，将研制出基于信息熵的科技学术期刊评价方法。这一部分将学术期刊发表论文看作一个信息引入过程。学术期

---

① 赵婷婷. 科学研究成果评价与文献计量工具研究 [J]. 科技创新导报，2008 (5): 175.

刊所承载的有价值信息被更广泛地应用和传播的时候，就代表学术期刊所供给的信息内容具有更大价值，也就更加有力地表明，整个知识系统所体现的对客观世界的认知趋于明朗和一致，对未知领域的错误理解趋于降低和消除。在此基础上，尝试通过将被评价期刊所在知识系统信息熵的实际数值与剔除该期刊数据后所计算出的知识系统信息熵的参考数值相比，用此差值体现被评价期刊对知识系统的贡献。

在这部分研究工作中，还将对评价方法进行实证研究，实证样本为2014年国家新闻出版广电总局首批认定的3713种科技类学术期刊。

第四部分是研制基于信息熵的学术期刊定量评价指标体系。

通过对比被评价期刊所在知识系统纳入被评价期刊（在位）和不纳入被评价期刊（缺位）两种情况下知识系统信息熵的变化值，描述期刊为学科发展所做出的贡献。

本研究构建基于信息熵的科技学术期刊定量评价指标体系。该评价指标体系的准则层是基于本研究前面几个部分所假设和验证的理论基础而构建，体现知识系统混乱程度。在此基础上，进一步遴选和研制适当的评价指标（二级指标）并采用层次分析法和德尔菲专家调查法来设定各个指标的权重，以此来描述和分析被评价期刊对知识体系引入负熵与期刊建设工作的关联。通过评价指标体系的分解，可以分析被评价期刊的优势和不足。

1.4 研究思路

本研究从信息熵理论角度设计定量模型，用于测度学术期刊出版的论文集合为内容构建的知识系统的信息熵。学术期刊论文所构成的知识系统符合香农信息论所定义的孤立系统特点。

本研究认为，系统中每一种学术期刊都在为该系统引入负熵。通过被评价期刊所在的完整知识系统的信息熵和剔除该期刊数据的参考知识系统的信息熵的比较，可以计算出被评价期刊对知识系统信息熵降低的贡献。因此本研究构建了对学术期刊论文所构成的知识体系信息熵的测度模型，并在其基础上通过对比被评价期刊所在学科的知识系统信息熵的背景量 $H(X)$ 与被评价期刊缺位情况下的知识系统信息熵的虚拟量 $H(X)'$ 之间的数值变化，来定量反映被评价期刊对知识系统信息熵降低的贡献。为了进一步分析期刊贡献熵值变化的具体机制，并和期刊发展实际工作相关联，分析被评价期刊的优势和不足。将知识体系信息熵的测度模型与学术期刊的指标对接，形成基于信息熵的学术期刊评价指标体系。

本研究方案的整体思路如下。

第一步，构建知识系统信息熵的定量测算模型，并以典型学科领域（能源科学领域）作为样本来进行实证。

研究方法：文献调研分析法、引文分析方法、多元分析方法、信息熵分析法。

技术路线：①在信息论基础上，通过引文分析方法设计多项指标来描述由学术期刊出版行为带来的信息熵变化量。②通过多元分析方法，分析和确定各项指标之间的关系。③通过标准化方法实现指标归一，构建由学术期刊论文组成的知识系统信息熵的指标模型，解决不同指标之间变量类型、数值区间、量纲等不一致问题。④以 SCI、EI、CSTPCD（中国科技论文与引文数据库）等数据库作为数据来源，以能源领域的学术论文集合为样本，通过在较长时间窗口（1995—2016 年）观察信息熵的时序变化，来验证本研究的假设，即学术期刊论文组成的知识系统的信息熵随着科学发展和科技成果发表而呈现下降之势。

第二步，根据被评价期刊为知识系统引入的信息熵的变化，设计基于信息熵的学术期刊贡献的评价模型，并采用大样本（原国家新闻出版广电总局首批认定的科技类学术期刊）来进行验证。

研究方法：信息熵分析法、比较研究方法。

技术路线：①根据知识系统信息熵的测算模型，对比完整系统和剔除被评价期刊的参照系统之间信息熵的变化量。②以原国家新闻出版广电总局认定的 3713 种首批科技类学术期刊作为样本，实证和分析该模型应用于评价活动的测算结果。

第三步,根据上述验证通过的测度知识系统信息熵定量模型,采用层次分析法构建基于信息熵理论的学术期刊评价指标体系,也采用相同的科技学术期刊样本来进行验证,并与学术期刊为知识系统贡献负熵的数值进行比较。

研究方法:层次分析法、引文分析方法、专家调查法。

技术路线:①根据基于信息熵的学术期刊贡献的测度模型的研究结果,提炼学术期刊评价的准则层指标。②按照层次分析法,构建各个准则层下设的定量指标体系,并通过专家调查法进行权重设计。③同样以原国家新闻出版广电总局认定的3713种科技类学术期刊作为样本,进行实证分析。

基于信息熵的科技学术期刊评价方法研究流程如图1-1所示。

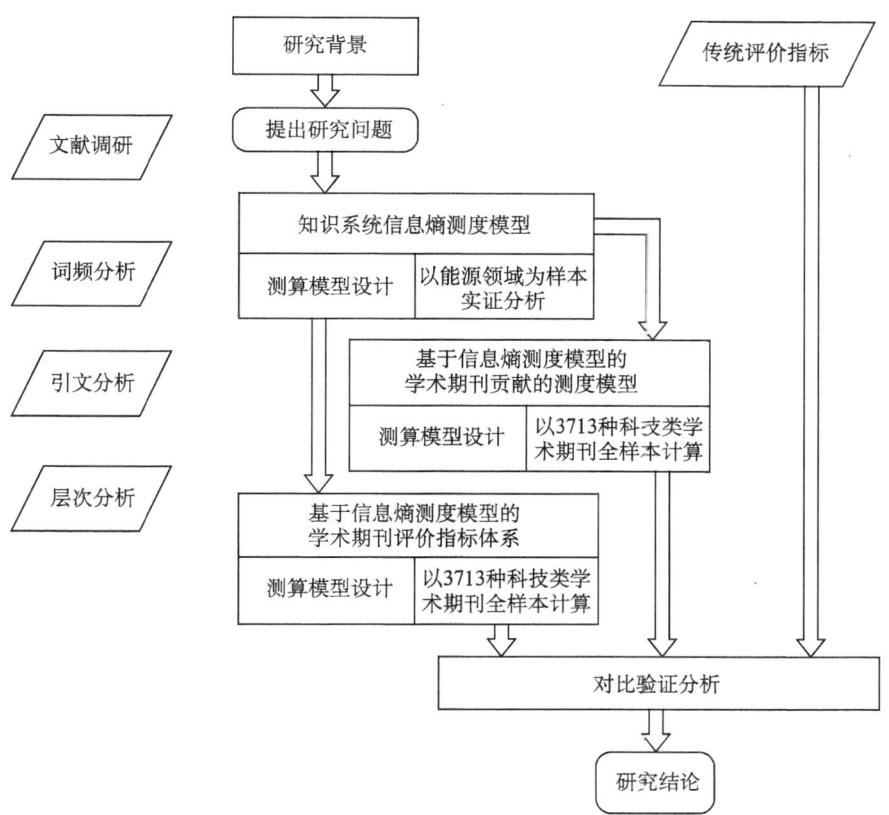

图1-1 基于信息熵的科技学术期刊评价方法研究流程

第2章

相关研究综述

2.1 科技学术期刊传播规律的研究

科技学术期刊的根本功能是传播科研活动的成果,所以传播学的理论适用于分析科技学术期刊的传播规律。① 关于科技学术期刊传播规律的研究可以分为3类:一是对科技学术期刊传播模式的研究。二是基于引文分析探索科技学术期刊生命周期全过程的研究。三是基于知识扩散理论的期刊信息传播研究。

2.1.1 对科技学术期刊传播模式的研究

信息学原理对信息传播的概念描述认为,信息传播的主体可以分解为信源、信宿和信道②。信息传播的过程是将信息从信源通过信道传输到信宿。信源就是信息源头,信源包括信息的生产者、加工者和发布者;信宿就是信息的接收者;信道就是信息传播的方式、渠道。信源和信宿是可以交换的,而信道往往具备方向属性。③

---

① 刘杨,赵大良,葛赵青. 学术期刊信息的传播模式 [J]. 编辑学报,2005,17 (6):410-412.
② 倪波. 信息传播原理 [M]. 北京:书目文献出版社,1996:1-100.
③ 王新民,汤兵勇,XU L D. 理论信息学的概念模型研究 [J]. 东华大学学报(自然科学版),1998,24 (6):59-64.

传统学术期刊传播过程，一般认为是由作者、学术期刊、读者三大主体要素①构成，作者把研究成果撰写成科研论文，通过期刊出版行为广为传播并供读者了解和使用的过程。通常认为作者是科学知识的提供者和论文的创作者，是信源的重要组成部分，但不能忽略编辑和同行专家在信源，即信息在发生、丰富直至完善和发布的生产全过程中的作用。② 尽管学者们对信源的定义不同，但一般认为学术期刊所具备的出版功能是科学成果传播的信道，而信宿则是学术科技期刊的读者。因此可以认为，学术期刊出版过程是典型的信息传播过程，具备明确的信源、信宿和信道主体。

近年来，学术期刊出版模式也在不断探索转型。网络出版逐渐成为新主流模式。③ 网络学术期刊的传播方式不同于传统学术期刊④，主要是通过学术机构或期刊出版单位网站、移动社交媒体等渠道向外传播⑤。

2.1.2 基于引文分析探索科技学术期刊生命周期全过程的研究

学术期刊论文向学术同行传播的能力和效果形成了期刊学术影响力。学术影响力表征了学术期刊在特定学科领域内，其出版活动促进科研活动的程度。因此对于期刊引文的分析可以识别学术期刊在信息传播过程中的贡献。对于学术信息传播特征的研究起源于1927年⑥，Gross等分析了《化学文献》刊载文章的所有参考文献，针对发表于15年以内的参考文献超过总量一半的现象，提出了文献信息老化的概念。相关学者提出信息生命周

---

① 李若溪. 科技期刊传播系统及其创新 [J]. 编辑学报，2001，13（4）：187-189.
② 石国进. 论现代科学交流的结构与功能创新 [J]. 科技进步与对策，2005，22（1）：14-15.
③ 刘佳. 基于网络的学术信息交流方法与模式研究 [D]. 长春：吉林大学，2007：1-25.
④ 沈小玲，严卫中. 网络科技论文学术影响力评价指标的选择 [J]. 图书情报工作，2013，57（3）：69-77.
⑤ 鄢睿. 网络学术期刊传播模式研究 [D]. 武汉：武汉理工大学，2007：1-46.
⑥ GROSS P L, GROSS E M. College libraries and chemical education [J]. Science，1927，66（1713）：385-389.

期的幂指数模型①、生命周期的老化率②和半衰期三大重要理论。随后的几十年间，大量研究工作集中于对学术文献信息老化的模型修正③和实证研究上④，而对学术期刊在信息传播中的特征研究还不多。⑤ 有研究提出了在考虑相关施引期刊自身影响度的情况下度量期刊他引的次数来表征期刊的影响度。⑥ 还有研究提出利用期刊引文熵等指标对研究学术期刊互引网络，发现各类学术期刊在信息传播网络中的地位和传播特征。该研究发现生命科学领域的期刊相较经济学、商学和政治科学的期刊更倾向于在较大范围扩展引文链接。心理学、社会学和教育学在网络中心性方面表现较好。⑦

2.1.3　基于知识扩散理论的期刊信息传播研究

知识扩散是指知识通过发表和使用文献实现传递。通过引用行为和引文关系研究可以表征"传递"，这类研究工作被称作基于引文的知识扩散。Learned⑧首次对知识的扩散性进行研究。有研究⑨提出知识扩散标识了学术

---

① GOSNELL C F. Values and dangers of standard book and periodical lists for college libraries. [J]. College and research libraries, 1941 (2): 216-220.

② GOSNELL C F. Obsolescence of books in college libraries [J]. College and research libraries, 1944, 5 (2): 115-125.

③ PRICE D J. Networks of scientific papers [J]. Science, 1965, 149 (3683): 510-515.

④ BROOKES B C. The growth, utility and obsolescence of scientific periodical literature [J]. Journal of documentation, 1970, 26 (4): 283-294.

⑤ PINSKI G, NARIN F. Citation influence for journal aggregates of scientific publications: theory, with application to the literature of physics [J]. Information processing and management, 1976, 12 (5): 297-312.

⑥ 张琳. 期刊在引文网络中的信息交流特征研究: 基于自被引率、强链接、引文熵和PageRank四个指标的比较分析 [J]. 中国科技期刊研究, 2013, 24 (2): 272-276.

⑦ CARD D, DELLAVIGNA S. Nine facts about top journals in economics [J]. Journal of economic literature, 2013, 51 (1): 144-161.

⑧ LEARNED W. The American public library and the diffusion of knowledge [J]. Journal of the American Medical Association, 1924, 83 (20): 1611.

⑨ CHEN C M, HICKS D. Tracing knowledge diffusion [J]. Scientometrics, 2004, 59 (2): 199-211.

期刊和专利所报道的科技知识的累计和转化。王亮等①提出期刊互引网络能描述显性知识的延伸。学术期刊具备学科属性，因此同一期刊发表的论文是相同研究方向或同一类型，信源和信宿具有趋同的特点，所以单一期刊实际上是高密度显性知识的集合。期刊间的互引关系表达了显性知识集合之间的信息传递关系。2015 年，温芳芳②提出学术期刊可以看作知识扩散的渠道。期刊在学科领域内的地位和影响力可以应用知识扩散理论和方法来分析。

2.1.4 数字化时代给学术期刊传播方式带来的变化和相关问题研究

从 1665 年英国皇家学会出版世界第一本学术期刊《哲学汇刊》到互联网数字时代出现，学术期刊的生产环节随着工业技术的不断发展进步，已经发生了巨大的变化，但是在传播模式上其实并没有本质的变化。学术期刊仍以纸媒体装订印刷的方式，通过个体订阅、集体订阅、借阅、引文介绍等渠道传递知识。这一模式的效率有所提升，但是结构变化不大，我国相当一部分期刊现在仍然倚重这样的模式开展学术传播。可以把这种模式看作"静态模式"。

随着数字化对社会经济生活方方面面的冲击和融入的不断深化，在强调"内容为王"概念的同时，学术期刊出版行业从业者也逐渐认识到，传播力也是学术期刊的核心竞争力之一，"酒香也怕巷子深"。我国对学术期刊的数字化工作得到了各个层面广泛的重视，并且已经收到一定的成效。在国家的宏观布局和政策安排方面，国家"十二五"和"十三五"的发展规划中都明确提出了推进期刊数字化转型发展的工作计划和要求。为此，国家新闻出版广电总局与财政部于 2015 年 4 月 9 日联合印发了《关于推动传统出版和新兴出版融合发展的指导意见》。③

---

① 王亮，张庆普. 基于引文网络的知识流动过程与机制研究 [J]. 哈尔滨工业大学学报（社会科学版），2014（1）：110-116.

② 温芳芳. 基于引文分析的知识扩散研究：以我国图书情报学博士学位论文为例 [J]. 情报理论与实践，2015（9）：64-68，78.

③ 王晓琪. 科技期刊绩效评价与政策扶持 [J]. 编辑学报，2006，18（2）：97-99.

然而在推进媒体融合发展实践中,学术期刊数字化转型升级的过程是在探索中前进的,遇到一些显著的困难。

一是很多学术期刊出版单位多年来积累了相对稳定的稿件资源和办刊所需的人财物等资源,因此在办刊过程中更倾向于墨守成规,主动求变的意愿和意识不足。

二是对数字化概念理解不充分。虽然办刊单位具备数字化转型意识,但数字化工作仅停留在实现投审稿平台网站阶段,或是虽然建设了网站或微信、微博等移动端平台,但是利用率低、内容更新慢。

三是混淆影响力与传播力的概念。学术期刊出版单位往往更多关注如何通过指标反映学术影响力,而没有同时考虑如何快速提升学术期刊的传播力。相当一部分传统期刊出版者存在认识误区,认为学术期刊数字化传播的概念是:期刊生产技术从手工到机械化、再到数字化、再到网络化发展,而数字传播就仅仅是把数字化生产的内容传播出去。实际上学术期刊数字化建设应是数字化传播的基础,而数字化传播的真正意义在于依托信息技术和互联网平台,开拓全新的传播途径,实现高效、精准、可交互、可跨媒体协同的核心功能。

四是在转型时代服务意识没有跟上新时代的变化。传统期刊的编者、作者、读者的概念和属性,在数字时代呈现出完全不同的定义和逻辑关系。[1] 传播过程中,知识的生产者(传播主体)和知识的接收者(传播客体)可能不是单向的关系而是复杂的多元网络关系。而在这个复杂网络中,处于中心的角色可能随时在迁移和互相转化。在这样的系统中,要实现传播竞争力的扩展,必须要求学术出版单位解放思想,提升服务意识,随时根据环境变化而调整,从而保持和提高知识传播的精变和效度。[2]

---

[1] 王晓光,陈孝禹. 语义出版:数字时代科学交流系统新模型 [J]. 出版科学,2012(4):81-86.

[2] 张克菊. 重大科技成果科学知识传承研究 [J]. 中华医学图书馆杂志,2013,22(12):9-13.

2.2 学术期刊评价方法的研究

学术期刊评价是科学计量领域一个重要的研究方向。学术期刊是记录科学研究人员创新性科研成果的主要载体，针对学术期刊设计合理、科学和准确的评价方法具有非常重要的研究意义和实践意义。[①] 在早期，对学术期刊的评价主要还是依靠同行评议的方式。目前，对于学术期刊的评价越来越偏重于定量方法，主要分为基于传统计量学和基于替代计量学的两种方式。

2.2.1 基于同行评议的学术期刊评价办法

从 1665 年全世界第一本学术期刊问世以来，学术期刊的发展经历了规模从无到有，数量从少到多，报道范围从基础科学学科为主到覆盖全部科学技术研究领域，出版语种也随着科学传播和科学中心的转移从以德语、英语为主到几乎所有语种都有的过程。早期学术期刊品种比较少，在各个学科中分布的数量也不多，因此对学术期刊评价的需求和必要性相对较弱。各个领域科学家对相关期刊的情况比较了解，且期刊出版活动和发展变化的节奏也相对较慢，而且期刊所发表的文献数量也相对较少，因此当科学家评价和择优选择适合发表论文的期刊时，有可能实现对同学科或同类型期刊的遍历，因而采取同行评议的方式，是实现最高效率、最准确结果的最优选择。目前同行评议仍是很多期刊评价活动中不可缺失的组成部分。[②③]

随着全球社会经济的发展，工业革命引领下出版行业和传播行业的繁

[①] 许玉清，许洁，姜梅芳. 学术期刊评价的进路探析［J］. 科技与出版，2018（4）：120-124.

[②] 常唯，曹会聪，曹金，等. 国际科技期刊同行评议的实践与特点［J］. 中国科技期刊研究，2016，27（1）：10-17.

[③] 邱炯友. 学术期刊同行评议制度的转型改革［J］. 出版科学，2017，25（3）：5-9.

荣,以及以信息科学技术为代表的科技研究活动日新月异的进步,学术期刊种类及所承载的文献量急剧增长。1971 年,世界各国出版的期刊品种数量就已接近 20 万种。面对与日俱增的海量数据,同行评议制度的适用性也受到了不断冲击,任何科学家都难以对学科领域的所有期刊情况和所有论文文献有全面和深入的了解,也难以完全客观地对众多学术期刊的学术质量和影响力水平有准确认知了[1],并从中筛选出学术影响力大、知识传播效率高的高质量期刊。科研工作者对期刊评价有迫切需求,希望能快捷、高效地判断相关学科研究领域内的期刊质量和影响力,从而帮助其进行高效的文献获取和积累[2]、制定或优化投稿策略及相关决策。[3] 对期刊的评价还支撑着围绕科技期刊价值所衍生的其他功能,如图书馆采购和科技管理评价与绩效评估等。[4][5]

与此同时,同行评议评价方式所暴露的方方面面的问题在学科评价领域也都逐渐有所体现。[6] 例如,同行评议专家的主观性问题、随意性问题、意见过于分散的问题、出于个人及小团体利益的考虑而产生的学术道德与诚信问题等。[7]

---

[1] 巢乃鹏,胡菲. 学术期刊的同行评议:基于审稿专家和作者的比较研究 [J]. 中国科技期刊研究,2012,23(4):597-600.

[2] 关琳琳,王长林,刘珍. 英文学术期刊国际化同行评审的实践与思考:以《International Journal of Digital Earth》为例 [J]. 编辑学报,2018,30(6):636-639.

[3] 陈培颖,陈倩,李娜,等. 国内学术期刊同行评议现状的调研:基于国内自动化领域作者群和评审专家群 [J]. 中国科技期刊研究,2016,27(1):3-9.

[4] 李喜儒. 二元期刊的互补性与采购管理创新 [J]. 河北科技图苑,2001,14(5):71-72.

[5] 夏秋菊,黄英实,刘喆妹. Altmetrics 对图书馆服务的影响研究 [J]. 现代情报,2014,34(9):129-132.

[6] 陈钢,周海鹰,徐锦杭,等. 医学学术期刊同行评议的质量控制 [J]. 科技通报,2018,34(3):275-277.

[7] BALDWIN M. In referees we trust? [J]. Physics today,2017,70(2):44-49.

2.2.2 基于传统计量学的学术期刊评价方法

随着文献数量的累计和文献学研究的发展，对学术期刊评价方法的研究主要是继承了文献学①研究思路。钱荣贵、邱均平和赖茂生等②③④对期刊评价出现的时间分别进行了研究，普遍认为20世纪30年代开始，随着工业技术发展和学术传播活动的快速兴起，学术文献的体量和总品种数量快速提升，需要通过评价来遴选适用的期刊，于是欧洲开始出现了对期刊的评价活动和方法探索。1934年英国的机械科学家和文献学者布拉德福（S. C. Bradford，1878—1948年）在研究地球物理和润滑两个学科领域的文献分布规律时，发现和归纳了文献分散规律——布拉德福文献离散定律（Bradford's Law of Scattering，也叫布拉德福定律）。布拉德福定律主要表达的是：对于一个学科，统计各种学术期刊所出版本学科论文的数量，按其大小以减序排列期刊，并依据这个顺序设定若干个期刊组（区），使得每一组期刊中发表本学科论文的总数相同，每一组的期刊数量则依次增大。这些期刊组之中，排在最前面的是这个学科的核心区。从包含期刊的数量关系上看，核心区与相继各区的期刊数之间比例关系呈现为 $1:a:a^2\cdots$ 的规律。⑤ 根据布拉德福定律，在各个学科中，都存在"核心区"的期刊刊载某个学科的大量文献的现象。学术期刊评价理论也起源于布拉德福定律对学术期刊分层的定义。

美国著名的情报学和文献计量学专家尤金·加菲尔德是科学计量学的开创性人物。他对文献引文意义和作用进行深入思考，并探究建立引文分

---

① 邱均平. 文献计量学［M］. 北京：科学技术文献出版社，1988.
② 钱荣贵. 核心期刊与期刊评价［M］. 北京：中国传媒大学出版社，2006.
③ 邱均平，李爱群. 我国期刊评价的理论、实践与发展趋势［J］. 数字图书馆论坛，2007（3）：1-12.
④ 赖茂生，屈鹏，赵康. 论期刊评价的起源和核心要素［J］. 重庆大学学报（社会科学版），2009，3：67-72.
⑤ BRADFORD S C. Sources of information on specific subject［J］. Engineering，1934，137（3550）.

析体系。20世纪60年代,他创立了美国科学情报研究所(ISI),逐步构建了系列引文数据库,并不断在实践中扩展应用范围,衍生新的分析体系和方法,形成了广泛的影响①。加菲尔德所创建的美国科学情报研究所相继创办出版了科学引文索引(Science Citation Index,SCI)、社会科学引文索引(Social Science Citation Index,SSCI)和艺术与人文引文索引(Art and Humanities Citation Index,A&HCI)等引文索引数据库。② 加菲尔德基于创新性的数据分析工具和资源,采用引文分析的理论和方法,对期刊上所发表的文献的引文进行了大规模统计和计算。

研究发现,被引用的文献大部分都集中发表在少数的学术期刊上,与之相对的是,被引用相对较少量的文献却广泛散布于相对多数的期刊中③。这一结论验证了布拉德福的期刊和文献分布的定律。研究同时验证和发现了一系列引文在时间维度上分布的规律,从而演化出基于引文分析的文献老化相关指标的研究④,如期刊被引用半衰期等。

经过长期的研究和实践,国内外围绕科技学术期刊评价逐渐形成了应用广泛的、基于科学计量学指标的评价方法和指标体系。⑤ 科学计量学指标设计可以分为质量、数量及影响力评价3个方面。⑥ 质量评价包括内在指标法和文摘统计法:内在指标法采用影响因子、总被引频次、引用半衰期等

---

① GARFIELD E. Citation indexes for science: a new dimension in documentation through association of ideas [J]. Science, 1955, 122 (3159): 108-111.

② 侯汉清. 《科学引文索引》与科技评价工作:《引文索引法的理论及应用》译后记 [J]. 江西图书馆学刊, 2005, 35 (2): 3-4.

③ GARFIELD E. Citation indexes in sociological and historical research [J]. American documentation, 1963, 14 (4): 289-291.

④ 康兰媛. 基于秩和比法的期刊被引指标综合评价研究 [J]. 农业图书情报学刊, 2008, 20 (4): 52-54, 62.

⑤ 李修杰, 陈景武. 运用判别分析法建立的期刊评估指标体系 [J]. 江西图书馆学刊, 2006, 36 (3): 48-50.

⑥ 柏媛. 计量学在国内外科研绩效评价中的应用现状 [J]. 科技情报开发与经济, 2010, 20 (34): 169-171.

定量指标计算选择核心期刊①；文摘统计法利用具有评价功能的数据库，采用其经评价收录的期刊和论文情况来选择核心期刊。数量评价主要是基于布拉德福定律来分析研究文献的分布状况，确定核心期刊。② 影响力评价是通过被引频次、作者分布、下载次数等来评价期刊。③

1955年加菲尔德在引文分析数据库基础上，结合SCI数据库建设对期刊评价的实际需求，研制发明了以影响因子为代表的学术期刊的量化评价工具，影响因子是期刊评价中影响最为深远的指标，推出后就广受关注，被认为是期刊引文分析指标的代表性成果，并得到了广泛应用。④ 围绕影响因子的指标研究是科学计量学领域一个持续保持热度的研究主题。⑤ 前期的研究主要围绕影响因子的指标理论基础、应用价值、影响指标数值的相关因素⑥、局限性和适用范围等方面。⑦

2000年以后，为应对期刊评价活动中应用影响因子指标实践所积累的问题⑧，借助情报学理论发展和计算机技术进步，在影响因子概念基础上又

---

① 孙晓烽. 建立期刊质量评价指标体系的若干思考 [J]. 河北理工学院学报（社会科学版），2002，2（3）：97-99，106.

② 郑松涛，冯春明. 核心期刊测定方法回顾与评析 [J]. 河北学刊，2010，30（6）：184-188.

③ 张志强. 从核心期刊评价之争看我国学术期刊评价体系建设 [J]. 河南大学学报（社会科学版），2018，58（5）：144-150.

④ 莫京，任胜利. SCI收录的高影响因子期刊探析 [J]. 中国科技期刊研究，2010，21（2）：138-141.

⑤ 杨兵，彭超群，袁赛前，等. 相对影响因子在期刊评价和科研评价中的应用 [J]. 编辑学报，2008，20（5）：466-468.

⑥ 张九庆. 期刊影响因子的意义及其影响因素和应用原则 [J]. 中国科技期刊研究，2006，17（2）：189-191.

⑦ GARFIELD E, MERTON R K. Citation indexing: its theory and application in science, technology, and humanities [M]. New York: Wiley, 1979: 1-20.

⑧ 秦江敏，王荣. 正确认识影响因子科学评价科技期刊 [J]. 江汉大学学报（社会科学版），2008，25（4）：35-38.

涌现了诸多修正影响因子或弥补影响因子缺陷的改进性评价指标。①

例如，2005年美国物理学家乔治·赫希（Jorge E. Hirsch）在权威学术杂志《美国科学院院刊》（$PNAS$）上发表了关于新型文献计量指标——h指数的论文，引起了学术界和科学计量学界的广泛关注。此处，h指数的h定义为高引用次数（high citations）。h指数是表征科学家持续发表高影响科研成果的能力的指标。② h指数的数值是指，一个科学家所发表的全部成果中，能统计得到这样一个数值，满足"至多有h篇论文各自都被引用了至少h次"的条件。h指数能够从一个新颖角度反映一个人的学术成就的整体水平。一个人的h指数越高，则表明他持续产出高水平论文能力越大，而且不受到发表论文数量、参与研究工作年限、论文发表时间距离远近等因素影响③。而这几个因素恰恰是影响因子等传统科学计量学指标最容易受到干扰的因素，也是影响因子受到诟病的主要原因。④ 在此之后的2006年，Egghe为了弥补h指数不能很好体现高被引论文，特别是超高被引论文价值的缺陷⑤，又研究提出了基于学者以往贡献的g指数。2010年，Prathap为了弥补h指数缺乏灵敏度与区分度的不足，也提出了一个试图平衡论文数量与质量之间的关系的p指数。p指数更适用于期刊的引文不平衡分布状态比较明显的情况，例如，存在高度集中现象或显著长尾现象时，p指数往往能够体现出较明显的区分度和敏感性。⑥ 2014年，Prathap为弥补p指数不能

---

① 刘雪立，秦小川. 解读"欧洲科学编辑学会关于影响因子不当使用的声明"[J]. 中国科技期刊研究，2009，20（1）：98-100.

② 聂超，袁浩川. 基于扩展h指数的科研评价初探[J]. 情报理论与实践，2009，32（12）：68-70.

③ HIRSCH J E. An index to quantify an individual's scientific research output [J]. PNAS，2005，102（46）：16569-16572.

④ 郑惠伶. 运用h-指数评价期刊影响力：以图书馆学情报学期刊为例[J]. 情报科学，2008，26（3）：409-413.

⑤ EGGHE L. An improvement of the h-index：the g-index [J]. ISSI newsletter，2006，2（1）：8-9.

⑥ 聂超，高慧颖. 基于h指数的科研评价综合改进[J]. 情报杂志，2010，29（1）：93-96.

体现引文集中程度的缺陷，提出一个新的综合性评价指标 z 指数。①

除了影响因子之外，从引文分析角度设计各种期刊评价指标也成为期刊评价研究的重点领域，如常见的被引文献比例、被引总频次、他引率、即年指标、引用半衰期、被引半衰期等量化指标。② 初期，指标研究学者多注重于开发单项指标，或称为孤立指标。20 世纪 80 年代以来，复合指标的研发逐渐活跃起来③，出现了相对引用比 RCR④、相对引用指标 RI⑤、标准平均引用率 NMCR⑥、学科论文的平均被引用次数 FCSm⑦、论文计数的影响因子 ACIF⑧、基于 Pagerank⑨ 思想设计的特征因子⑩⑪及对已经存在的期

---

① PRATHAP G. The zynergy-index and the formula for the h-index [J]. Journal of the Association for Information Science and Technology, 2014, 65 (2): 426-427.

② 周丽萍. 学术期刊参考文献著录规范研究盲点分析 [J]. 浙江海洋学院学报（人文科学版），2009, 26 (2): 115-118.

③ 王贤文, 方志超, 王虹茵. 连续、动态和复合的单篇论文评价体系构建研究 [J]. 科学学与科学技术管理, 2015, 36 (8): 37-48.

④ SCHUBERT A, GLANZEL W, BRAUN T. Relative citation rate: a new indicator for measuring the impact of publications [C] //TOMOV D, DIMITROVA L. Proceeding of the First National Conference with International Participation on Scientometrics and Linguistics of Scientific Text, Varna. 1983: 80-81.

⑤ VINKLER P. Evaluation of some methods for the relative assessment of scientific publications [J]. Scientometrics, 1986 (10): 157-177.

⑥ BRAUN T, GLANZEL W. World flash on basic research: a topographical approach to world publication output and performance in science [J]. Scientometrics, 1990 (19): 159-165.

⑦ MOED H F, BRUIN R, LEEUWEN T. New bibliometric tools for the assessment of national research performance [J]. Scientometrics, 1995, 33 (3): 381-422.

⑧ MARKPIN T, BOONRADSAMEE B, RUKSINSUT K, et al. Article-count impact factor of materials science journals in SCI database [J]. Scientometrics, 2008, 75 (2): 251-261.

⑨ SENANAYAKE U, PIRAVEENAN M, ZOMAYA A. The pagerank-index: going beyond citation counts in quantifying scientific impact of researchers [J]. Plos one, 2015, 10 (8): e0134794.

⑩ BERGSTROM C T, WEST J D, WISEMAN M A. The eigenfactor metrics [J]. Journal of neuroscience, 2008, 28 (45): 11433-11434.

⑪ 窦曦骞, 祁延莉. 特征因子与论文影响力指标初探 [J]. 大学图书馆学报, 2009 (6): 57-62, 88.

刊评价指标结构关系的研究①②③等。

2016年，爱思唯尔（Elsevier）出版集团推出期刊评价指标CiteScore，并计划将其与依托Scopus数据库所研制的SNIP、SJR等既有指标相融合，形成一套成系列的评价指标。CiteScore的设计理念与影响因子有相似之处，可以理解为3年时间窗口的影响因子。虽然CiteScore和影响因子指标的物理含义都指向了"论文篇均被引用次数"的统计概念，但是二者在计算指标的文献数据库基础（包括范围、规模、内容结构）、引证时间窗口的理解和定义等方面存在明显的不同。有别于影响因子的2年引证时间窗口，CiteScore采取了3年引证时间窗口，这与基于Scopus数据库所研制的其他指标（如SNIP、SJR等）的设置是相互呼应的。一方面，不同的时间窗口代表不同研制者对引文时间分布规律的理解有所差异④。目前在实践应用中除了2年时间窗口之外，还有一些评价指标是应用3年、5年、10年作为时间窗口来设计的；另一方面，较长的引证时间窗口对于被引半衰期较长的期刊评价效果会更加明显，因此CiteScore指标数值的区分度有可能会更加明显，从而可能会更符合在各类期刊评价实践活动中评价指标应兼顾科学性和可操作性的要求⑤。

随着我国期刊规模的增长，评价需求也日益凸显。初期主要是借鉴和

---

① 刘洋，温学兵，刘瑞银．基于结构方程模型的科技期刊评价指标结构关系研究[J]．沈阳航空航天大学学报，2017（4）：88-95．

② 吕淑仪．灰色关联度综合评价法在科技期刊评价中的应用[J]．情报科学，2004，22（3）：327-331，336．

③ 姚红．基于灰色关联分析法的期刊综合评价[J]．情报科学，2003，21（7）：730-734．

④ 王宏鑫，吴朝暾，张在昭．最大引文年限与科学交流的社会必要劳动时间[J]．信阳师范学院学报（自然科学版），1992，5（3）：327-332．

⑤ DORTA-GONZALEZ P, DORTA-GONZALEZ M I. Impact maturity times and citation time windows: the 2-year maximum journal impact factor [J]. Journal of informetrics, 2013, 7（3）：593-602．

学习国际期刊评价经验，我国从 1964 年已经开始接触和了解科学引文索引（SCI）①。随着文献计量学的影响提升，20 世纪 70 年代开始在管理活动中引入文献计量学理论和方法。20 世纪 80 年代初文献计量学三大定律已经得到广泛应用，并支撑构成了学术期刊评价的理论体系。三大定量包括布拉德福于 1934 年提出的文献聚散定律、加菲尔德于 1955 年提出的引文集中定律和普赖斯于 1971 年提出的文献老化指数和引文峰值理论②③。

在学习国际期刊评价相关理论的基础上，我国期刊评价体系也逐步建立。但是根据我国期刊管理和分布方式的特点和发展路径，形成了与国际学术期刊有所不同的学术期刊评价体系。④ 虽然评价对象都为学术期刊，但是根据评价主体分类，我国现有的学术期刊评价活动可以归为两个部分：政府主导的学术期刊评价活动和第三方信息研究机构主导的学术期刊评价活动。⑤

政府主导的学术期刊评价活动中比较典型的有：国家期刊奖、中国出版政府奖、学术期刊的 8 项认定标准和相应的认定程序等。此外，中国科协、教育部、中国科学院、国家自然科学基金委员会等科技管理部门及其所属具有期刊管理职能的内设机构、所属单位、学会组织等，也组织开展了一些学术期刊评价活动。通常来说，这些机构也承担了部分期刊管理职能，它们所开展的学术期刊评价和政府部门组织的评价活动性质接近，而且组织评价活动的出发点也大都出于学术出版资源优化的管理目的，因此也可以归入政府主导的学术期刊评价活动。⑥ 一般而言，政府主导学术期刊评价活动在重视学术质量标准的同时，还非常强调政治质量指标、编辑质

---

① 邱均平，段宇锋，陈敬全，等. 我国文献计量学发展的回顾与展望 [J]. 科学学研究，2003，21（2）：143-148.
② 罗式胜. 文献计量学引论 [M]. 北京：书目文献出版社，1986.
③ 钱荣贵. 核心期刊与期刊评价 [M]. 北京：中国传媒大学出版社，2006.
④ 邱均平，张荣，赵蓉英. 期刊评价指标体系及定量方法研究 [J]. 现代图书情报技术，2004（7）：23-26.
⑤ 李应萍. 学术期刊的综合评价研究 [D]. 上海：华中师范大学，2011：1-54.
⑥ 刘莉. 中国科协 5 年 4840 万支持精品科技期刊 [N]. 科技日报，2011-04-08.

量指标、出版发行指标及经济效益指标。

1992 年，国家科委、中宣部、新闻出版署发布了《科学技术期刊质量评估标准》。通过发布通知文件的形式，明确规定了各类期刊的评价要求和评价范围。其中科技类学术期刊的评价标准包括政治标准（办刊方针、政策法令、科技道德、经济效益和社会效益）、技术标准（科学性、政策性、创新性、导向性和及时性）、编辑标准（报道计划、编排设计、信息密度、报道时差、文字加工、标准与规范）、出版标准（版式设计、印刷与装订）。

2014 年，国家新闻出版广电总局发布了《关于开展学术期刊认定及清理工作的通知》，提出了对学术期刊进行认定的 8 项标准，具体内容是：①经国家新闻出版行政部门批准，持有国内统一连续出版物号（CN），领取期刊出版许可证，符合《出版管理条例》和《期刊出版管理规定》等要求。②主办单位具有学术出版资质和专业背景，出版单位具备必需的办刊条件。③办刊宗旨及业务范围以开展学术研究，发布学术创新成果，交流学术经验等为主。④拥有相应学科领域一定数量的专职编辑人员，主编和编辑人员取得国家规定的岗位培训合格证书。⑤组建有编委会并定期进行换届改选，编委会能有效指导编辑出版工作。⑥执行严格规范的组稿、审稿及同行评议制度，保持一定的稿件退稿率。⑦刊发文章具有严谨的编排格式规范，内容质量符合国家相关标准要求。⑧刊发文章以学术论文、文献（原创论文、述评、综述文章等）为主。

从这些政府组织、指导学术期刊评价的文件中的评价内容设置和评价指标选用可以看出，大部分指标为定性评价指标，采用专家评议、主办单位推荐、评价对象单位自主申报、现场汇报答辩评议计分等方法和过程，其间也许收集和获取若干指标数据。在近年的国家期刊奖评选标准中，又引入了定量方法，采用了总被引频次、影响因子、基金论文比等文献计量指标，编校、印刷等传统准则也设定了定量评定方法。

第三方信息研究机构主导的学术期刊评价，通常更加倚重客观指标数据，一般以文献计量指标量化评价作为评价体系的核心部分，根据评价对象的期刊属性和评价目的不同，采用有针对性的评价体系设计并遴选适当的评价指标，形成具有一定通用性的评价体系。①②

1987年，中国科学技术情报研究所（现中国科学技术信息研究所，简称"中信所"，ISTIC）受国家科委的委托，建立了中国科技论文与引文数据库③，收集中国作者发表的论文，并统计被引用情况。统计的范围包括在国内期刊上发表的论文和国际数据库收录的论文。2015年，中信所在原有自然科学领域"中国科技核心期刊"评价工作的基础上，根据国家标准《学科分类与代码》的最新调整情况，将评价期刊的范围从自然科学领域延伸至人文社会科学领域，已经覆盖了全部学科领域的学术期刊评价和研究。④ 1989年中国科学院文献情报中心开始建设以基础研究领域学科为主要覆盖范围的中国基础研究期刊论文引文数据库——中国科学引文数据库（CSCD），并逐步发展成为中国科学引文索引，1996年开始出版，后来又实现了通过Web of Science平台向全世界提供信息服务。该体系利用文献计量学方法，采用科学计量指标体系为主要评价手段。⑤ 从1992年开始，北京大学图书馆研究团队根据学校图书馆遴选采购期刊的实际需求，在高校系统一部分学校图书馆的协助下，设立了一系列评价指标并引入专家评议制度，发布了《中文核心期刊要目总览》。⑥ 发布周期开始为4年发布一版，目前为3年发布一版。《中文核心期刊要目总览》已经被广泛接受和采用，

---

① 柴玉婷. 中文科技期刊学术影响力定量评价研究［D］. 沈阳：沈阳师范大学，2017：1-47.

② 王传池，胡镜清，江丽杰. 国内外学术期刊影响力评价指标体系调研分析［J］. 世界科学技术—中医药现代化，2018，20（7）：1091-1097.

③ 潘云涛，马峥. 2014中国科技期刊引证报告（核心版）［M］. 北京：科学技术文献出版社，2014.

④ 马峥，张玉华，潘云涛. "中国科技期刊综合评价总分"的定义与应用［J］. 编辑学报，2015，27（6）：519-521.

⑤ 张建勇. 中国科学计量指标：期刊引证报告［R］. 北京：中国科学院文献情报中心，2005.

⑥ 陈建龙，朱强，张俊娥，等. 中文核心期刊要目总览［M］. 北京：北京大学出版社，2018.

成为期刊质量评估的重要工具之一。① 南京大学开发研制了中国社会科学引文索引（CSSCI），通过定量指标数据来测度期刊的学术影响、社会效益、学术规范和出版质量。② CSSCI 体系仍然是引文分析评价系统，采用了多项引文分析评价指标进行计算③④根据社会科学期刊的理论体系和期刊特点，研制了适用于人文社会科学领域的学术期刊评价指标和方法，也得到了广泛的应用。⑤⑥

引文分析方法能在期刊评价工作中发挥很大的作用，是因为引文分析的思路在于描述研究论文之间的联系，而且相对于文献计量学中其他的共现关系⑦，这种联系是有方向性的，不同主体之间存在引用和被引用的不同状态。基于引文分析的指标可以用来描述论文或其他文献类型的学术成果的客观影响及与论文或其他文献类型的学术成果之间的关系密切程度，能表现出聚类特性（较重要的论文能吸引更多的相关论文的积极引用）和核心特性（较高影响力的期刊能吸引更多的高影响力的论文)⑧。此外，引文分析的客观性和多重评议性（被引用论文和引用论文发表时都经过同行评

---

① 陈嘉伟，邵嘉亮. 近年来我国科技期刊的主要评价体系综述 [J]. 中国科技期刊研究，2010，21（3）：265-270.

② 姜春林. 从科学计量看我国人文社会科学评价研究的现状 [J]. 河南社会科学，2010，18（2）：145-147.

③ 金标. 12 种优秀图书馆学期刊的引文规范性调查 [J]. 图书情报工作，2000（9）：88-89.

④ 许家伟. 中国学术期刊评价的变异与重构：从 2017 年 CSSCI 目录公示说起 [J]. 河南大学学报（社会科学版），2018，58（5）：151-156.

⑤ 倪明，秦娟. 核心期刊的渊源及利弊分析 [C]//第四届全国核心期刊与期刊国际化、网络化研讨会论文集. 2006：98-100.

⑥ 叶继元. 首届人文社会科学评价学术研讨会综述 [J]. 学术界，2009（4）：301-304.

⑦ 王孝宁，何苗，何钦成，等. 基于文献计量学研究方法的科技论文定量评价 [J]. 科学学与科学技术管理，2004，25（4）：15-18.

⑧ 林春艳，莫琳. 自然科学学术期刊质量指标体系的属性数学综合评价模型 [J]. 数学的实践与认识，2004，34（5）：1-7.

议）可以更客观、更可信地判断学术论文成果的价值。① 通常认为，引用传达的是积极、肯定的正面价值。一篇论文能得到同行专家或者其他领域研究人员的点评和引用，体现了一个研究成果对其他研究活动的价值，体现了一个研究成果为同行认可和重视的程度，或者可以说是对学科研究活动发展的贡献。②

同时，在当前学术期刊评价实践活动中，基于引文分析的传统计量学指标也存在显著问题。③ 例如，基于引文分析理论的传统科学计量指标评价所需后置时间较长，通常需要数年才能相对完整地评价期刊学术影响力，不能及时体现期刊学术影响力的变化④；传统科学计量指标的评价数据来源主要偏重期刊论文等文献形式⑤，没有统筹考虑被评价期刊在学术交流、产业发展、学科建设、人才培养等方面所发挥的作用和取得的影响；引文分析的基础假设是：引用反映出学术成果产生了积极效果，但是现实中引文动机比较多样化⑥，引用某篇论文未必就说明引用者认可那篇论文。⑦

2.2.3 基于替代计量学的学术期刊评价方法

科学计量学2.0（Scientometrics 2.0）概念是在2010年7月提出的。其主要进步在于跳出以文献统计为中心的传统科学计量学1.0时代，跨入以社交媒体内容分析所产生的数据和网络资源标签化结构等 Web 2.0 技术为中

---

① 潘春燕. 科技期刊评价体系设立定量指标的原则和方法［C］//中国高校学出版 (II)：中国高等学校自然科学学报研究会第13次年会论文集. 2009：38-40.

② 袁志勇. 论文质量评价要看具体引用次数［N］. 科技日报，2008-10-17.

③ 贾朝光，孟丽涛，丁世婷，等. 科技期刊评价指标的有关争议的探析［J］. 昆明冶金高等专科学校学报，2009，25（2）：47-51.

④ 邱均平，李晔君，李江. 共链分析的缺陷及其解决方案研究［J］. 情报理论与实践，2008，31（2）：170-174.

⑤ 林德明，刘则渊. 基于文献的科学发现计算性研究［J］. 科学学研究，2010，28（8）：1141-1147.

⑥ 李志鹏. 中文社会科学引文索引的不足与改进［J］. 情报资料工作，2005（5）：108-111.

⑦ 齐燕. 引用语义化相关问题初探［J］. 情报理论与实践，2013，36（8）：15-20.

心的 2.0 时代①,能够更快、更全面、更有效地反映被评价对象的影响力。②科学计量学 2.0 概念的提出者是美国学者 J. Priem 和 B. M. Hemminger。

同年 10 月,J. Priem 又和 D. Taraborelli 等学者共同发表了 *Altmetrics*:*A manifesto* 宣言,提出替代计量学(Altmetrics)的概念。③ 例如,基于社交媒体数据统计出评价对象的网络活动数据(下载量④、引用情况、浏览行为、点击次数、评论内容、推荐数、点赞数、转发次数等⑤),可以研制形成新型的计量指标。⑥⑦

替代计量学兴起的背景因素是互联网时代下科学传播的发展演进。⑧ 在当今大多数科研评价活动中,从最小的成果单元(单篇论文)的评价,到成果集合(科学家代表作或成果集合),再到更宏观层面科研机构学术水平和影响力的评价都与科学交流的网络化密切相关。⑨ 替代计量学的兴起也是

---

① 刘春丽. Web 2.0 环境下的科学计量学:选择性计量学 [J]. 图书情报工作,2012,56(14):52-56,2.

② 王睿,王海花. 浅议补充计量学 [J]. 科技情报开发与经济,2014(21):121-123,124.

③ PREIM J, TARABORELLI D, GROTH P, et al. Altmetrics: a manifesto [EB/OL]. (2016-05-04) [2016-07-25]. http://altmetrics.org/manifesto/.

④ 王贤文,毛文莉,王治. 基于论文下载数据的科研新趋势实时探测与追踪 [J]. 科学学与科学技术管理,2014,35(4):3-9.

⑤ SHUAI X, PEPE A, BOLLEN J. How the scientific community reacts to newly submitted preprints: article downloads, Twitter mentions, and citations [J]. Plos one, 2012, 7 (11): e47523.

⑥ PRIEM J, PIWOWAR H A, HEMMINGER B M. Altmetrics in the wild: using social media to explore scholarly impact [EB/OL]. (2012-03-20) [2017-03-10]. https://arxiv.org/abs/1203.4745.

⑦ 邱均平,余厚强. 替代计量学的提出过程与研究进展 [J]. 图书情报工作,2013,57(19):5-12.

⑧ BORNMANN L. What is societal impact of research and how can it be assessed? A literature survey [J]. Journal of the American Society for Information Science and Technology, 2013, 64 (2): 217-233.

⑨ BORNMANN L. Validity of altmetrics data for measuring societal impact: a study using data from Altmetric and F1000Prime [J]. Journal of informetrics, 2014, 8 (4): 935-950.

线上科学交流规模化和常态化的体现。① 基于互联网的学术交流日益频繁和方便，大有取代传统交流途径之势②，这既是传播交流效率优先的自然选择，也是互联网时代科研参与者行为习惯偏好演变的结果，与近年来整体社会经济各个方面都纷纷致力于"互联网+"发展模式的共同趋势相符。③ 科技工作者几乎离不开计算机和网络来进行一般性学术联系和学术文献的获取与交流。④ 这种以科学研究活动为核心内容的交流会借助专门工具，如Endnote、Mendely⑤、Publons等学术产品和服务，同时也在广泛使用那些占据最广阔市场的全球大型社交媒体工具，而且对后者的使用黏度还更大一些。这些工具已经成为人们日常的交流途径和最习惯使用的工具，人们并不严格区分它们是学术工具还是非学术工具。相对于传统的学术期刊、学术论文集等更加严肃的学术传播渠道，这种新的社会化的交流体系随着信息技术进步，能有效地提高知识传播效率，减少传播过程中的工作环节，以更快捷的方式发布内容和获取反馈，并且显著降低交流成本；同时必须注意到，当前在学术出版产业发展进程中，开放存取出版模式所引发的出版体系变革，正是应对人类信息交流与传播的核心渠道需求从线下向线上转移的过程。⑥ 以网络出版为重要特征，互联网上的科研交流和知识传播已经成为现实学术环境的重要组成部分。⑦

---

① 徐佳宁. 科学交流体系发展研究 [J]. 图书馆界，2010 (5)：1-3.

② 余厚强，邱均平. 替代计量学视角下的在线科学交流新模式 [J]. 图书情报工作，2014，58 (15)：42-47.

③ 巢乃鹏，胡菲. 学术期刊的网络同行评议 [J]. 中国编辑，2010 (6)：42-44.

④ HAUSTEIN S, PETERS I, BAR-ILAN J, et al. Coverage and adoption of altmetrics sources in the bibliometric community [J]. Scientometrics, 2014, 101 (1)：1-19.

⑤ HAUNSCHILD R, BORNMANN L. Normalization of mendeley reader counts for impact assessment [J]. Journal of informetrics, 2016, 10 (1)：62-73.

⑥ 张民，赵文华，孙保存. 从编辑的视点探讨科技期刊Altmetrics的重要性 [J]. 编辑之友，2013 (9)：41-43.

⑦ ZAHEDI Z, COSTAS R, WOUTERS P. How well developed are altmetrics? A cross-disciplinary analysis of the presence of 'alternative Metrics' in scientific publications [J]. Scientometrics, 2014, 101 (2)：1491-1513.

随着互联网的发展及出版形式的多样化,科研人员的研究活动成果形式已经有比期刊论文更丰富的选择①,一部分同样具备原创性的科研成果首先出现在传播速度更快、范围更广的互联网传播平台上。② 同时,很多科学家已经习惯于应用网上社交工具与同行进行学术探讨③,利用线上资源整理工具记录工作流程。④ 因此,替代计量学的计量数据源中心不再仅限于引文,还包括网页、电子期刊、数字期刊⑤、结构化的科研数据、线上科技报告、预印本、学术社交网络⑥和 Google Scholar⑦、微软学术、百度学术、360 学术等。⑧ 王真等以 *PLoS Biology* 和 *PLoS Medicine* 两种期刊收录的文献

---

① PRIEM J, COSTELLO K L. How and why scholars cite on twitter [J]. Proceedings of the American Society for Information Science and Technology, 2010, 7 (1): 1-4.

② BOSMAN J, KRAMER B. 101 innovations in scholarly communication: the changing research workflow[EB/OL]. (2016-04-30)[2017-03-15]. https://innoscholcomm.silk.co/.

③ HAUSTEIN S, COSTAS R, LARIVIÈRE V. Characterizing social media metrics of scholarly papers: the effect of document properties and collaboration patterns [J]. Plos one, 2015, 10 (3): e0120495.

④ 叶兴华. 基于互联网的科学交流方式研究 [D]. 上海:华东师范大学, 2010:1-45.

⑤ 刘丹. 试析中国数字期刊利用统计指标的类型与功能 [J]. 图书与情报, 2014 (1): 18-23.

⑥ 王贤文, 张春博, 毛文莉, 等. 科学论文在社交网络中的传播机制研究 [J]. 科学学研究, 2013, 31 (9): 1287-1295.

⑦ 刘春丽, 何钦成. 不同类型选择性计量指标评价论文相关性研究:基于 Mendeley、F1000 和 Google Scholar 三种学术社交网络工具 [J]. 情报学报, 2013, 2 (2): 206-212.

⑧ KRAKER P, LEX E, GORRAIZ J, et al. Research data explored Ⅱ: the anatomy and reception of figshare[EB/OL]. (2015-03-04)[2017-06-10]. http://arxiv.org/abs/1503.01298.

为研究对象①②，研究了论文的网络传播发展和影响力形成的规律。③

替代计量学一般分为狭义替代计量学和广义替代计量学。狭义替代计量学的重点在于方法，专指研究完全不同的新型网络计量指标，完全跳出传统科学计量学理论方法体系，特别关注基于社交媒体用户行为数据研制一系列定量统计指标。④ 广义替代计量学概念则更加聚焦于研究创新观察角度，即全方位观察影响力情况的定量评价指标体系。更大范围弥补科学计量学评价体系过于倚重引文数据的缺陷。根据 Altmetrics 定义的描述，该词还被不同的学者分别翻译为选择性计量学、另类计量学、补充计量学⑤⑥、社媒影响计量学、补充型指标计量学、替代测度、网媒影响计量学等。⑦

不论翻译所考虑的侧重点如何，替代计量学其实并不是对传统科学计量指标的简单补充，因为替代计量指标所测度的数据是传统引文分析方法所忽略或很难实现统计分析的评价对象或资源。⑧ 例如，对会议发言课件的影响力评价、对科研数据集的影响力评价、对学术新媒体（图像、视频）

---

① 王真，马建华. 单篇论文网络浏览量的跟踪研究 [J]. 中国科技期刊研究，2018，29（3）：270-277.

② 宋丽萍，陈巍，贺颖. 论文层面科学评价实证研究：以 PLoS ONE 为例 [J]. 图书馆工作与研究，2015（7）：85-88.

③ 刘浩，张正光. PLoS ONE 期刊学术编辑的遴选及其对我国科技期刊的启示 [J]. 中国科技期刊研究，2013，24（1）：162-165.

④ 邱均平，余厚强. 论推动替代计量学发展的若干基本问题 [J]. 中国图书馆学报，2015，41（1）：4-15.

⑤ 黄芳. 补充计量学及其在生物医学领域的应用 [J]. 中华医学图书情报杂志，2014，23（7）：15-20.

⑥ 由庆斌，汤珊红. 补充计量学及应用前景 [J]. 情报理论与实践，2013，36（12）：6-10.

⑦ 崔宇红. 从文献计量学到 Altmetrics：基于社会网络的学术影响力评价研究 [J]. 情报理论与实践，2013，36（12）：17-20.

⑧ HAUSTEIN S, PETERS I, BAR-ILAN J, et al. Coverage and adoption of altmetrics sources in the bibliometric community [J]. Scientometrics, 2014, 101（2）：1145-1163.

学术资源和成果的影响力评价[1]、对机构或科学家个人博客等非结构化信息组织的自媒体的社会影响力评价等。[2] 与此同时，替代计量学也做不到完全替代基于引文的传统指标，因为传统文献计量方法所发现和验证的科学传播规律，如布拉德福定律、齐普夫定律等，在当今的时代仍然有效。

替代计量指标非常多。在面对不同的评价分析目的时，往往会发现不同的替代计量指标反映的评价角度和统计口径不尽相同，而且不同的替代计量指标往往难以形成统一稳定可控的数据集合，进而造成统计结果也是大相径庭。[3] 按照 Plum Analytics 的分类体系，替代计量指标可以归入五大类，包括提及、使用、引用、获取、社交媒体，但是在实践中仍然难以形成操作性强又能充分保证科学性的统一的评价指标体系。还有学者根据科学研究成果的影响力扩散路径，提出替代计量指标的分层逻辑[4]，将指标划分为传播、获取、利用 3 个阶段，对应科学研究成果的出现、被发现、被认可 3 个传播和影响力累计阶段。在此基础上，再进一步根据量化的传播阶段容量、获取阶段的友好程度和利用阶段的应用深度设计新的或归纳已有的指标，以获得逻辑相对清晰的替代计量学评价指标体系模型。[5]

尽管替代计量学概念出现的时间不长，但是社交媒体在科学传播活动

---

[1] 苏磊，蔡斐，袁睿. 新媒体环境中新型学术期刊网站设计实例分析 [J]. 编辑学报，2018，30（6）：621-623.

[2] BORNMANN L, HAUNSCHILD R, MARX W. Policy documents as sources for measuring societal impact: how often is climate change research mentioned in policy-related documents? [J]. Scientometrics, 2016, 109 (3): 1477-1495.

[3] LIU C L, XU Y Q, WU H, et al. Correlation and interaction visualization of altmetric indicators extracted from scholarly social network activities: dimensions and structure [J]. Journal of medical internet research, 2013, 15 (11): e259.

[4] 余厚强，邱均平. 替代计量指标分层与聚合的理论研究 [J]. 图书馆杂志，2014，33（10）：13-19.

[5] 陈铭. 期刊利用统计与 Altmetrics 的兴起 [J]. 图书与情报，2014（1）：12-17.

中所具备的优势和发挥的作用越来越被广泛认可。① 国际上最大的社交媒体有ResearchGate、Facebook、Twitter②、LinkedIn；③④ 国内最大的社交媒体有微信、QQ等⑤，此外，有影响力的新媒体还包括一些特色社交媒体和影响力快速扩大的新晋者，如播客（podcasts）、YouTube⑥、优酷、抖音、维基百科等。⑦ 这些社交平台及综合性的信息发布和交流传播平台，也在广泛参与学术内容的交流传播。学术出版商和期刊出版单位，甚至包括一些科学家和科研团队自身，为了快速扩大他们发表的论文的影响力，正在有意识地使用线上传播平台和社交工具。⑧ 大多数出版商和学术期刊都会专门制定面向自己所关注重点人群的社交媒体策略，而且有的学术期刊出版单位会设立一个独立岗位，安排专人专门处理社交媒体策略和设计推出相关产品

---

① BORNMANN L. Usefulness of altmetrics for measuring the broader impact of research: a case study using data from PLoS and F1000Prime [J]. Aslib journal of information management, 2015, 67 (3): 305-319.

② HAUSTEIN S, PETERS I, SUGIMOTO C R. Tweeting biomedicine: an analysis of tweets and citations in the biomedical literature [J]. Journal of the Association for Information Science and Technology, 2014, 65 (4): 656-669.

③ ALTMETRIC L L P. How are twitter demographics determined [EB/OL]. (2016-05-20) [2016-12-15]. https://help.altmetric.com/support/solutions/articles/6000060978-how-are-twitter-demographics-determined.

④ VAN NOORDEN R. Twitter buzz about papers does not mean citations later [EB/OL]. (2013-12-12) [2016-04-15]. http://www.nature.com/news/twitter-buzz-about-papers-does-not-mean-citations-later-1.14354.

⑤ 赵文青,宗明刚. 学术期刊微信传播效果影响因素分析 [J]. 中国科技期刊研究, 2016, 27 (6): 611-616.

⑥ KOUSHA K, THELWALL M, ABDOLI M. The role of online videos in research communication: a content analysis of YouTube videos cited in academic publications [J]. Journal of the American Society for Information Science and Technology, 2012, 63 (9): 1710-1727.

⑦ JAMALI H R, ALIMOHAMMADI D. Blog citations as indicators of the societal impact of research: content analysis of social sciences blogs [J]. International journal of knowledge content development & technology, 2015, 5 (1): 15-32.

⑧ PRIEM J. Scholarship: beyond the paper [J]. Nature, 2013, 5 (7442): 437-440.

与服务。① 大部分国际著名的学术期刊都有自己的博客、Twitter、Facebook 主页,并保持较高频度的内容发布,借此提高社交媒体的用户黏度。国内也有相当一部分学术期刊在使用 QQ、微博②、微信公众号、微信小程序等方式构建学术传播圈。可见利用社交媒体助力学术传播的重要性已经得到了出版者和科学家的公认。③ 例如,高等教育出版社旗下系列英文期刊集群平台已经实现了展示每篇论文的替代计量指标的功能。

普遍认为,科学有效地应用替代计量学能够实现对评价对象(期刊、科学家、研究机构)的全面影响力评价④⑤⑥。在评价导向上,替代计量指标在评价中的应用将会促进在互联网上开展更丰富多彩、更高效快捷的科学交流⑦,并能推动衍生出一系列完善和优化现有信息组织与信息发现的新方法、新工具、新机制。⑧⑨ 替代计量学很难完全取代传统科学计量学评价

---

① 余厚强,邱均平. 论替代计量学在图书馆文献服务中的应用[J]. 情报杂志,2014(9):5.

② 余厚强,HEMMINGER B M,肖婷婷,等. 新浪微博替代计量指标的特征分析[J]. 中国图书馆学报,2016,42(4):20-36.

③ BORNMANN L. What do altmetrics counts mean? A plea for content analyses[J]. Journal of the Association for Information Science and Technology, 2016, 67(4):1016-1017.

④ 罗木华. 国内 Altmetrics 研究进展述评与思考[J]. 情报资料工作,2016(2):29-33.

⑤ 杨柳,陈铭. 常用替代计量学工具之比较研究[J]. 情报理论与实践,2015(9):114-119,144.

⑥ 李燕波. Altmetrics 对学术生态系统的影响研究[J]. 图书情报工作,2015(12):19-22.

⑦ 徐丽芳. 论科学交流及其研究的流变[J]. 情报科学,2008,26(10):1461-1463.

⑧ EYSENBACH G. Can tweets predict citations? Metrics of social impact based on Twitter and correlation with traditional metrics of scientific impact[J]. Journal of medical internet research, 2011, 13(4):e123.

⑨ 东方. 核心期刊评价增加网络引文评价指标的思考:以《图书情报工作》1997~2002 年网络引文为例[J]. 江西图书馆学刊,2003(4):62-63.

方法①，但是科学界和出版传播界普遍看好未来替代计量指标在学术成果评价和期刊影响力评价方面的潜在重要作用。②

目前已经存在很多尝试和探索，希望能找到最佳的应用实践。例如，哈佛大学于 2015 年发布了研究数据管理平台 Dataverse 4.0 版本，其中一个新增功能就是提供被评价成果的浏览、下载、被引、分享的统计数据。复旦大学和北京大学等已经采用了 Dataverse。西班牙国家研究委员会 2014 年就开始将替代计量指标应用于评价世界各个大学的学术研究综合影响力。一些高校已经开始把替代计量指标作为决策辅助指标体系的一部分，主要应用在机构知识库建设和机构科研管理平台建设。香港大学所开发的机构知识库系统（Dspace-CRIS）中已经嵌入了替代计量指标数据，数据源主要是 F1000③，Altmetrics.com 提供替代计量指标④，Dspace 提供浏览行为数据（次数、时间、访问地理信息）。2014 年，台湾交通大学开始设计建设机构知识库系统，在每个科研人员的学术履历信息中，可以看到科研成果的被浏览次数、在大众媒体和学术社交媒体的传播情况，还包括基于 Altmetric 与 PlumX 等替代计量学工具系统所生成的指标数据。2014 年英国卓越研究框架（UK 2014 Research Excellence Framework）报告，在关于研究影响力的评估部分指出，不仅机构报告和案例可用于评估，而且还可利用广泛且丰富的大学社交媒体作为信息来源。现在通过互联网搜索引擎浏览论文的时候，一些文献资源出版者和信息提供商已经可以提供"AM 值"等替代计量

---

① MAFLAHI N, THELWALL M. When are readership counts as useful as citation counts? Scopus versus Mendeley for LIS journals [J]. Journal of the Association for Information Science and Technology, 2016, 67 (1): 191-199.

② ALTMETRIC L L P. What outputs and sources does Altmetric track? [EB/OL]. (2016-02-15) [2016-12-15]. https://help.altmetric.com/support/solutions/articles/6000060968-what-outputs-and-sources-does-altmetrictrack.

③ 宋丽萍，王建芳. 基于 F1000 与 WoS 的同行评议与文献计量相关性研究 [J]. 中国图书馆学报，2012（2）：62-69.

④ BORNMANN L, HAUNSCHILD R. Which people use which scientific papers? An evaluation of data From F1000 and Mendeley [J]. Journal of informetrics, 2015, 9 (3): 477-487.

指标。① 推动替代计量学研究和应用的机构包括两个部分：一是非营利性机构，如 Impact Story、PLoS 等②；二是商业性组织，如 Altmetric.com、PlumX 等。③

替代计量学拓展了评价角度，利用全网化的计算数据来源，弥补了很多传统评价体系由于文献资源结构布局不平衡导致的区域评价结果不准确的缺陷。④ 特别是对我国这样的非英语国家，对于国家科研活动具有地域特点的发展中国家，替代计量学评价似乎较为公正。⑤ 在引文分析中，较为主流的数据资源包括 Web of Science、Scopus、Medline⑥⑦ 等，都是以英语国家的文献资源为主。在其资源结构上，非英语国家如中国、日本、俄罗斯等的代表性较弱，学科优先领域也是取决于欧美科学界的学术。基于这些数据库资源所计算出的定量评价指标，难免使非英语、非西方国家"吃亏"。例如，中国的中医药科研领域成果很难在这类欧美数据库中获得充分

---

① 邱均平，余厚强. 基于影响力产生模型的替代计量指标分层研究 [J]. 情报杂志，2015，34（5）：53-58.

② 刘春丽. 基于 PLOS API 的论文影响力选择性计量指标研究 [J]. 图书情报工作，2013，57（7）：89-95.

③ FENNER M, COSTAS R, ZAHEDI Z. How consistent are altmetrics providers: study of 1000 PLOS ONE publications using the PLOS ALM, Mendeley and Altmetric.com APIs[EB/OL]. (2015-03-12)[2017-05-30]. http://figshare.com/articles/How_consistent_are_altmetrics_providers_Study_of_1000_PLOS_ONE_publications_using_the_PLOS_ALM_Mendeley_and_Altmetric_com_APIs/1041821.

④ PLoS. Article-level metrics measure the dissemination and reach of published research articles[EB/OL]. (2016-05-20)[2016-10-20]. http://article-level-metrics.plos.org/alm-info/.

⑤ 李国红. 科学交流的障碍与对策 [J]. 情报资料工作，2004（2）：9-13.

⑥ MOHAMMADI E, THELWALL M. Mendeley readership altmetrics for the social sciences and humanities: research evaluation and knowledge flows [J]. Journal of the Association for Information Science and Technology, 2014, 65（8）：1627-1638.

⑦ 宋丽萍，王建芳，王树义. 科学评价视角下 F1000、Mendeley 与传统文献计量指标的比较 [J]. 中国图书馆学报，2014（4）：48-54.

反映。替代计量指标可在一定程度上缓解这一问题。①

替代计量指标应用于科技期刊评价存在一个显著的挑战，就是如何避免人为干扰指标。② 由于互联网数据库的多源化、多维性特点，来自互联网的数据比较容易受到人为干扰。例如，人们需要对一种期刊的网络点击量和下载量进行统计，而投机者可以利用多种技术手段在短时间内实现对相关网站的大量虚假点击。特别是，这种期刊评价指标的大小与被评价期刊的经济效益或社会效益相关联的时候，某些潜在受益者就很可能会采取作假手段操纵评价数据。与以往操纵影响因子、他引率等传统计量指标的不端行为相比较，对网络数据的操纵更容易、更快速、更隐蔽。③ 因此在期刊评价中，如何保证来源数据的真实可靠，如何保证指标足够稳健是一个有待深入研究解决的难点。与之相关的问题还包括替代计量指标的数据严谨性和数据一致性问题。④

替代计量指标应用于科技期刊评价另一个受到关注的问题，是在得出评价结果和分析结论的时候，如何通过对数据源的界定实现科学有效的关联分析⑤。例如，只有基于学术活动所产生的指标（无论是线上和线下）才能用于评价特定对象的学术影响力。⑥ 在设计和应用指标的时候，必须慎重

---

① NISO. Altmetrics definitions and use cases［EB/OL］.（2016-05-04）［2016-11-02］. http://www.niso.org/topics/tl/altmetrics initiative/.

② BORNMANN L. Do altmetrics point to the broader impact of research? An overview of benefits and disadvantages of altmetrics ［J］. Journal of informetrics，2014，8（4）：895-903.

③ HAUSTEIN S. Grand challenges in altmetrics：heterogeneity，data quality and dependencies ［J］. Scientometrics，2016，108（1）：413-423.

④ CRONIN B. Beethoven vs. Bieber：on the meaningfulness of (alt) metrics ［C］. Libraries in the digital age（LIDA）proceedings，North America. 2014，13：15-21.

⑤ THELWALL M，HAUSTEIN S，LARIVIERE V, et al. Do altmetrics work? Twitter and ten other social web services ［J］. Plos one，2013，8（5）：e64841.

⑥ LIN J. A case study in anti-gaming mechanisms for altmetrics：PLOS ALMs and DataTrust［EB/OL］.（2012-07-21）［2016-12-10］. http://altmetrics.org/altmetrics12/lin.

考虑如何定义学术活动，如何判断指标所反映的是学术影响力。① 当然，也不是不可能采用概念转换的方法，在合理理论的指导下，按照可靠的数学模型将公众关注度水平转化为学术影响力水平。② 一般情况下，基于通用线上数据所开发的指标只能测度公众关注度水平，而且有研究表明，简单使用基于通用线上数据开发的替代计量指标（如 Twitter 中提及频次指标）③不能实现测度或反映被评价对象的学术影响力，二者之间不具备显著相关性。在网络社交媒体所覆盖的传播范围内，公众关注度水平是学术影响力水平的前置概念，研究这二者之间的转化条件和数量关系模型是替代计量指标更广泛应用于科技期刊评价实践之前亟待解决的一个关键问题。

2.2.4 期刊评价活动长期存在的挑战

尽管期刊的评价活动不断创新突破，围绕文献计量学和传播学的理论发展和技术方法探索也层出不穷，但是仍然存在以下几个难点，它们是在期刊评价实践活动中长期存在的挑战。

（1）适用于不同学科类别的期刊评价体系

不同学科和类别的期刊面向不同的科研群体和读者受众，它们在研究活动规律、文献分布态势、知识传播途径、学科发展成熟度等诸多方面都存在不同，因此在应用期刊评价体系进行研究、评价和管理工作时，需要

---

① COSTAS R, ZAHEDI Z, WOUTERS P. Do "altmetrics" correlate with citations? Extensive comparison of altmetric indicators with citations from a multidisciplinary perspective [J]. Journal of the Association for Information Science and Technology, 2015, 66 (10): 2003-2019.

② 刘春丽. altmetrics：从理论假说、术语提出到内涵的重新界定 [J]. 图书情报工作, 2015, 59 (6): 82-89.

③ BORNMANN L, HAUNSCHILD R. T. Factor: a metric for measuring impact on Twitter [J]. Malaysian journal of library & information science, 2016, 21 (2): 13-20.

考虑到学科差异是否会影响评价结果的合理性。①②

在关于期刊评价的讨论中,从参与者的身份可以看出,当前出版行业普遍认识到,对学术期刊评价首先要充分重视学科之间的差异③④⑤,但是在将学术期刊评价结果作为科研绩效评估工具的相关实践中,仍然较普遍地存在未对期刊的学科属性充分予以研判和区分的情况。典型的例子是,一部分高校和科研机构在设定绩效考核评估标准时,无视学科差距,将某一期刊影响因子的数值作为考核的门槛标准,或者是用较大学科中期刊影响因子的数值排序来评价处于某一细分子学科的个体研究人员的科研成果水平。有的高校甚至采用非常简单粗暴的做法:将科研人员发表论文的期刊的影响因子直接乘以一个单位金额,计算出给科研人员的现金奖励额度。这样的情况不仅出现在自然科学领域,也出现在社会科学领域。特别是在一些学科覆盖面较广泛、学科之间差异非常明显、分类评估较复杂的评价活动中,往往没有强调分类评价。

在评价活动中,如果对不同学科的被评价学术期刊不加以区分,将其纳入同一体系、同一标准进行评价,得到的评价结果看似客观,但实际上往往会存在显著的偏差,这样反而破坏了定量评价本来应具备的客观性和可靠性。⑥ 在学术界广受质疑和诟病的问题之一,就是在评价活动中滥用影

---

① 文庭孝,陈书华,王丙炎,等. 不同学科视野下的知识计量研究[J]. 情报理论与实践,2008,31(5):654-658.

② 袁代蓉. 基于引文分析的地方高校重点学科文献需求研究:以重庆文理学院教师论文为例[J]. 重庆文理学院学报(自然科学版),2012,31(5):108-112.

③ 邵松,乔监松. 期刊的学科分类对期刊评价的影响[J]. 科技与出版,2017(3):119-125.

④ 马峥,潘云涛,武夷山. 基于引文分析的科技期刊竞争压力评价及学科间比较研究[J]. 情报学报,2013,32(10):1026-1036.

⑤ 郑民,丁佐奇. 不同学科期刊使用次数和影响因子的相关性分析[J]. 出版与印刷,2019(1):38-41.

⑥ SANGSTER A. You cannot judge a book by its cover: the problems with journal rankings[J]. Accounting education,2015,24(3):175-186.

响因子、总被引频次等指标。① 影响因子是经典的和获得最广泛应用的学术期刊定量评价指标,在直观地反映学术期刊相对影响力和出版传播效率方面是一个非常有效、易操作、被广泛接受的指标,所以几乎所有的期刊评价定量体系都会把影响因子作为重要的指标。② 但是,影响因子的数值分布在不同学科中的差别也是非常显著的。这种显著的差异是系统性的差异,是因为各个学科研究活动和学术出版活动特异性的存在而形成的,所以,在用期刊影响因子数值来评价学术期刊质量的时候,一定要考虑到学科的背景值差异。例如,中信所发布的《中国科技核心期刊引证报告》分为自然科学卷和社会科学卷,但都是基于中国科技论文与引文数据库分别计算自然科学领域和社会科学领域共 2400 多种学术期刊的指标。对比发现,2018 年自然科学领域期刊的影响因子平均值可以达到 0.648,而社会科学领域期刊影响因子平均值为 0.530,仅为前者的 81.8%,区别显著。在自然科学领域中,各个学科之间影响因子的分布也呈现出很明显的离散状态。例如,同样是在 2018 年,核科学技术学科期刊影响因子的平均值仅为 0.236、数学学科期刊的影响因子平均值为 0.239,与总体平均值 0.648 都存在非常显著的差别。从数值比较上看,这些学科的期刊影响因子指标的平均值仅仅相当于全部自然科学领域核心期刊影响因子平均值的 1/3 左右。而同期,在全部 112 个自然科学学科分类中,有 10 个学科的期刊影响因子平均值超过了 1.000,其中影响因子平均值最高的学科是土壤学(1.361),是全部自然科学领域核心期刊影响因子平均值 0.648 的 2 倍以上,是核科学、数学这 2 个学科期刊影响因子平均值的 5 倍多。数据显示,学科之间的指标表现差距巨大,如果只看期刊影响因子的数值,而不考虑学科差异的话,无疑会

---

① 李玉进. 引文分析存在问题的再认识 [J]. 天津外国语学院学报,2001,8(3): 60-62.

② 苏学. 期刊论文学术水平定量评价指标体系的初步设计 [J]. 情报探索,2010(5): 7-9.

影响评价结果的公平、公正。①

(2) 根据期刊评价活动的不同目的选择适当的期刊评价体系

在现有期刊评价体系的设计和评价实践中，往往孤立地强调期刊评价方法和指标的选取，而没有更加切实地考虑期刊评价的目标。通常来说，应预先设定明确的评价目标，再针对这个目标来系统性地梳理评价思路，最后才是评价体系的设计、评价指标选择及评价标准确定等方面的内容。

从期刊评价结果的应用目标或应用场景上看，主要包括以下几种情形。

第一，从历史上看，图书馆最早提出期刊评价需求。因为采购经费有限，图书馆等文献采集单位需要优化采购方案，合理高效地开展文献资源建设工作，研制最适合图书馆收藏或最应该优先实现文献保障的期刊列表。同时，这类评价帮助读者关注高价值的期刊，客观上能帮助科技人员提升科学研究工作的效率。

例如，1990年北京大学图书馆与北京高校图书馆期刊工作研究会开始研制《中文核心期刊》目录。1992年起，每隔3～4年发布评价结果，出版《中文核心期刊要目总览》（简称《总览》）。在《总览》前言中将其工作性质描述为"图书馆关于期刊分类分级的研究工作"。《总览》随着科研方法进步和期刊出版领域的特点变化而保持一定周期的完善更新。这项工作成果的主要应用场景是辅助图书馆等单位期刊采编工作，不是学术评价工作。但是仍然有众多大学和研究机构把在中文核心期刊上发表论文作为项目成果验收指标、学生毕业条件、科研人员职称晋升资格等。把面向图书馆应用的期刊评价体系和科研绩效评估工作联系在一起，是典型的不当做法。

第二，通过评价测度各种学术期刊的学术影响力的规模、强度、范围、在学科中的相对位置、稿源水平、读者群体、传播效率等方面的表现，为科技工作者选择最适合自身需要的期刊来发表论文，使之把最重要的科研成果，通过最有影响力的学术期刊来出版传播，实现知识最大范围、最高

---

① 付大军，何海燕. 跨学科文献的多类选择性计量指标的定量比较研究[J]. 情报学报，2015，34（6）：600-607.

效率的传播。期刊评价的结果，特别是对核心期刊的评选（按照布拉德福定律所描述的，每个学科中发表重要文献最多的少部分核心区期刊），也可以为科研机构开展绩效评估工作提供支持，这是国内期刊评价最广泛的一个应用场景。在各个高校和科研机构的科研绩效评价活动中，常常采用学术期刊评价结果作为一个评价指标或工具，对科技人员、论文、项目等不同对象进行评价。

现存的问题是，绩效评估的应用目标与核心期刊评选之间往往存在一定错位，或者说过于简单的应用模式没有恰当发挥好期刊评价对绩效评估的支持功能，反而不合理地放大了期刊评价结果与论文水平、个人研究能力和成果影响力之间的直接联系作用。[①] 例如，在很多评价活动中都可以看到，一些单位简单地将发表论文期刊的水平等同于论文的质量，或者将期刊的影响因子指标作为论文评价的指标[②]，并进一步作为科研项目成果质量的指标或科技人员研究能力的指标。[③] 随着我国科技界对科技评价合理导向和科技管理工作科学化要求的与日俱增，各个层次、各个单位的科技管理工作和评价部门越来越需要在进行科研绩效评价工作时，有更科学、更全面、符合管理需求的期刊评价体系来支撑。

（3）评价指标更加科学丰富的期刊评价体系

随着传播学、情报学、文献计量学、信息科学等相关学科的发展变化，新技术、新理论、新算法、新应用等成果不断涌现。[④] 在学术期刊相关的研究工作中，随着研究人员对学术期刊出版活动规律的认识的不断深入，评

---

① 沈锡宾，汪谋岳，郝秀原，等. 医学期刊编辑的绩效评价系统探索［J］. 编辑学报，2010，22（1）：50-51.

② 张玉华，潘云涛，马峥. 科技论文评估方法研究［J］. 编辑学报，2004，16（4）：243-244.

③ 杨远芬. 科技论文评价方法实证比较研究［J］. 科技管理研究，2008，28（8）：57-59.

④ RONALD R，FRED Y Y. A multi-metric approach for research evaluation［J］. Chinese science bulletin，2013，58（26）：3288-3290.

价指标的研制工作也在不断改善。① 国内外各个长期开展期刊研究的研究单位和机构不断地调整评价思路，创新评价角度和指标，优化评价指标算法和使用方式，使得评价活动向着越来越完善的方向发展，但是远远没有达到完备的状态。②

例如，我国科技期刊常用分类体系，是将期刊划分为综合指导性、学术性、技术性、检索类和科普期刊。现有期刊评价工作一般是从期刊来源文献的属性、期刊被引用情况及期刊在本学科中的相对表现等3个角度来设计评价体系所需要使用的指标。③ 上述5类期刊的受众群体各有侧重，传播规律不尽相同，在指标表现上也有显著区别，因此不能简单认为，期刊的影响力就是影响因子④⑤。目前广泛应用的期刊评价指标更适用于学术属性较突出的期刊的评价工作，对其他类型的期刊的评价体系研究工作就显得有所不足。即便是对学术期刊的评价，也需要充分顾及不同类型期刊的特点。例如，在国内各类核心期刊的遴选过程中，考虑到我国综合类期刊数量众多，不宜将其归入一大类。其中大学学报又是特征比较显著的一大部分，因此在分类分组评选核心期刊时，一般将综合性大学学报中的自然科学版、自然科学学报或是社会科学版等类期刊与《科学通报》等覆盖多学科的综合性期刊分开，从自然科学综合类中剥离出自然科学综合大学学报类、自然科学师范大学学报类，这三者是并列的分类关系。

另外，由于学术期刊的评价迄今仍着重于传统的引文分析指标，因而

---

① 张爱丽，刘广利，刘清水. 科技期刊综合评价模型-KPCA [J]. 计算机工程与应用，2003，39（24）：200-201.

② INGWERSEN P，LARSEN B，ROUSSEAU R，et al. 论文－引文矩阵及其推导的定量评价指标 [J]. 科学通报，2001，46（8）：700-704.

③ 何星星，武夷山. 基于文献利用数据的期刊论文定量评价研究 [J]. 情报杂志，2012，31（8）：98-102.

④ 李莉. 完善我国科技期刊评价指标体系的思考 [J]. 编辑学报，2004，16（4）：310-312.

⑤ 李佳悦，邵桂芳. 文献类型对学术期刊影响因子的贡献度评价研究 [J]. 中国科技期刊研究，2018，29（12）：1274-1279.

学术期刊出版单位更倾向于保持传统出版模式和出版技术，将工作重心放在与影响因子等传统指标密切相关的因素（如选题的热度、作者的号召力、刊发论文数量等)①，而没有动力来积极主动地拓展新的传播渠道和尝试新媒体技术手段。这一现象在某种程度上可以表述为：学术期刊评价落后于出版传播产业发展。这与"科技期刊评价具有导向功能，能在一定程度上引领科技发展"这一人们广为接受的说法不一致。

总之，对不同类型的期刊如何差异化评估的相关研究还不够深入，需要进一步研究和提高评价的多样性。②

（4）引导建设健康、可持续发展的学术生态的期刊评价体系

期刊评价影响广泛。从刚刚接触科研活动的学生和初学者，到资深的科学家，从基础研究领域到工程技术和医药生物等应用研究工作，从科技资源高度集中的国际一流大学和科研机构到基层科技活动机构，都和学术期刊紧密地联系在一起。他们有的是作者，有的是编者，更多的是读者。因此期刊评价活动的导向会对整个学术生态的发展状态带来直接的影响。我国当前开展的期刊评价活动一些不足之处，主要是科技界部分同志在对学术期刊评价结果的理解和应用上出了问题。由于对期刊评价结果的误解，在应用中就直接带来了价值导向异化等种种问题。③

在解决这些问题之前需要区分：哪些问题是在科学研究发展和科学出版传播模式演进的进程中期刊评价体系自身需要优化改进的地方，哪些问题属于不良风气中的学术投机行为和粗放科研管理中的懒政行为。有些人滥用和扭曲期刊评价体系与工具，不应该将板子打在评价体系和工具上。

期刊评价研究者一直在强调，期刊评价结果在学术评价中不能代替同

---

① 肖唐华，王丽芳，吴克力．论文的被引频次与学术期刊选题[J]．中国科技期刊研究，2007，18（1）：52-55．

② SAATY T L. Decision on making: the analytic hierarchy and network processes (AHP/ANP) [J]. Journal of systems science and systems engineering, 2004 (1): 1-35.

③ 李莉，周星群．制约我国科技期刊评价体系的因素及对策[J]．中国科技期刊研究，2004，15（3）：287-290．

行评议所得出的评价结果。① 相对于学科主题的发展分析与区域发展分析（宏观研究）和针对单篇论文及单个作者团队的绩效评价（微观分析），期刊研究和评价活动可以看作一种准中观层次的研究分析和评价活动。期刊评价是把期刊作为评价对象，以评价对象期刊上的所有论文作为整体进行评价，考察这个科研成果的集合所取得的学术影响、产生的社会经济效益。当然对于个体期刊来说，把每一篇论文的内容质量控制好是提升整体水平的具体路径，但是，深入到单篇论文层面的评价就已经成为微观的分析研究了。对单独一项论文或学术成果的水平进行测度，是不能由期刊评价指标来代替的。② 然而正是因为"以刊评文"在各类评价活动中可操作性最强，客观性最强，所以尽管其不合理性显而易见，但是仍然屡见不鲜。一个饱受质疑的操作方式在实践中大行其道，在一定程度上是"上有政策、下有对策"现象的一种表现，反映出学术生态圈中有一些浮躁的不良心态。

另外一个例子是，现有的评价体系相对固化，甚至可以看作马太效应的一种体现。马太效应在经济社会发展过程中屡见不鲜，几乎渗透到各个领域。美国社会学家罗伯特·金·默顿首次引入"马太效应"这一概念，发表了《科学中的马太效应》，随后，这个理念逐步丰富成为社会分层理论的一部分。在学术评价过程中，也或多或少可以见到马太效应。期刊之间形成了强者愈强的名刊效应，在一定程度上挤压了非核心的弱小期刊的生存环境③，结果，一些期刊出版者在期刊建设中忽视自身定位与宗旨，一味追求好看的期刊评价指标，甚至不惜采取不良手段操纵指标，对学术出版生态环境造成了破坏。有的期刊为了提高评价指标，不是从服务学科发展的目标出发，也不是以识别发表重要研究成果、出版高水平论文为核心工

---

① 周华清. 新学术评价趋势下学术期刊的发展思考［J］. 科技与出版，2018（5）：114-118.

② 顾立平. 数据级别计量：概念辨析与实践进展［J］. 中国图书馆学报，2015，41（2）：56-71.

③ 臧莉娟，叶继元. 基于全评价理论框架的非核心期刊评价研究［J］. 出版发行研究，2018（6）：46-50.

作，而是只关注本领域中有号召力的权威作者群体和拥有较多研究资源的作者群体，而不花力气去吸引、发现科研新生力量和年轻有为者的高水平论文。另外，拥有高水平研究成果的作者一般都会把自认为优秀的研究文章投给权威期刊或者核心期刊。于是就造成了高水平成果论文、高水平作者越来越聚集于高水平期刊，低水平期刊越来越难以获取好的稿源的局面。在学术期刊评价的推动下，各种期刊争取好的评价结果是可以理解的，但是，如果在马太效应的笼罩下出现恶性竞争，而不是通过期刊评价工作来促进期刊建设，就形成了不健康的发展局面。①

良好学术环境的存在，是评价体系运转良好、结果科学的前提，在期刊评价活动中也是如此。如果科学、健康可持续的发展环境不复存在，科研工作者和管理人员都为了迎合评价体系、追求表面数据而滥用或不合理使用评价指标，那么很难实现通过评价引导发展的目的。我国的期刊评价体系研究和评价实践还存在很多问题，并且可能在一定程度上影响了风清气正的学术环境的建设，例如，期刊评价体系多而相互协调性不足，不合理使用评价数据，核心期刊评定导致马太效应，某些期刊出版单位为了追逐好看的指标而进行人为操纵，期刊之间不正常的高频互引，采用不正当手段增加期刊论文下载量和点击率等。

（5）兼顾学术期刊正面评价和负面评价的评价体系

科研出版诚信问题日益成为广为关注的热门话题。科研出版诚信是学风建设、良好学术氛围营造的重要环节。近年来，不断出现的各类学术出版负面事件，反映出当前学术出版诚信的监督管理机制还不足够健全。学术不端行为可能出现在科研工作的各个环节。有效解决科研出版诚信问题是学术期刊建设工作中的重要组成部分。

浮躁的学术环境对期刊出版单位会产生一定的影响，在期刊编辑出版

---

① BOHANNON J. Uprising: less prestigious journals publishing greater share of high-impact papers [EB/OL]. (2014-10-14) [2017-03-10]. http://news.sciencemag.org/scientific-community/2014/10/uprising-lessprestigious-journals-publishing-greater-share-highimpact.

环节也会出现诸多问题：有的期刊出版者为了获得较好的评价结果，不是致力于学术期刊内容建设和传播能力提升，而是通过不正当的人为手段操纵和鼓励自引、互引行为①。董建军②提出期刊自引、互引及一稿多投、抄袭、重复发表等行为会对期刊的影响因子指标产生影响，导致该指标失去原有的评价意义。朱大明③认为，期刊出版单位、作者和所在机构都有可能在现实利益引导下，干预指标来迎合评价体系。如果评价体系过于关注影响因子等少数、甚至单一指标，就会为学术不端行为提供机会。④

目前关于学术出版界负面问题的研究关注面过于狭窄，且过多地集中于单篇论文自身的问题，未能从学术出版视角全面考察期刊的状况。当前的评价体系都是从正面的角度对科技期刊进行评估和考量，如对期刊影响力、质量、可持续性等方面的评估，缺乏对负向指标的设计和利用。期刊过度自引、集团互引、期刊编辑部的不诚信等问题尚未被转化为负向指标。

站在行业管理者的角度，学术期刊评价的作用可以实现对学术期刊出版行业进行有效监管，并在客观数据支撑的基础上，实现科学决策。站在科研人员的角度，学术期刊评价的结果更能帮助作者认知和比较不同学术期刊的水平和特点，能够更加有效地完成从科研结果到论文成果出版传播这一阶段的工作。⑤ 与此同时，基于一些普遍适用规律所归纳形成的理论，学术期刊评价的过程和获得的数据结果也能用于出版单位剖析自身情况、寻找改革创新突破点的建设工作。另外，文献计量学理论也可以支撑对学术期刊各项指标合理性和自洽性的判断，能够发现指标数值或者指标之间的定量关系严重背离已知原理和规律的情况，可以作为线索和证据反映期

---

① 杨阳．我国核心期刊评价体系对比研究［D］．开封：河南大学，2015．

② 董建军．人为因素对科技期刊影响因子评价指标的影响［J］．编辑学报，2008（4）：365-366．

③ 朱大明．参考文献的引用动机［J］．科技导报，2013，31（22）：84．

④ CRONIN B, SUGIMOTO C R. Beyond bibliometrics: harnessing multi-dimensional indicators of performance［M］．Cambridge：MIT Press，2014：327-344．

⑤ 柳建乔．重建科技期刊的价值观［J］．中国科技期刊研究，2010，21（4）：410-412．

刊是否存在违反学术出版诚信的行为。①

2.3 熵的概念与研究应用

2.3.1 热力学熵概念②

熵是热力学概念，用于表征系统混乱程度，通常用符号 S 表示。熵（entropie）的概念是由德国科学家克劳修斯（T. Clausius）在 1854 年提出的，是为了表达热力学第二定律的，是一个描述系统状态的函数。熵的定义为：

$$S = \frac{Q}{T}。 \qquad (2-1)$$

其中，S 是系统的熵，Q 是系统的能量，T 是绝对温度。

1923 年，我国物理学家胡刚复按照"热量与温度相除之商"的含义把 entropie 翻译为"熵"，这是一个新造的字。

克劳修斯对熵变化的公式推导为：

$$S_2 - S_1 = \Delta S = \int_1^2 \frac{\mathrm{d}Q}{T}。 \qquad (2-2)$$

其中，S_1 和 S_2 分别代表孤立系统变化前后的熵状态数值，T 为物质的热力学温度、$\mathrm{d}Q$ 为熵增过程中加入系统的热量。

克劳修斯指出，如果一个系统的变化是可逆过程，则在这个可逆的变化过程中熵的增量为 0（$\Delta S = 0$），即熵不变；如果这个变化是不可逆过程，则会产生熵的增加。也就是说对于一个系统，熵的变化总是向着熵增加方向。在不可逆变化的情况下，系统的混乱程度永远是增加的。根据热力学第二定律，一个系统的能量变化总是由高能位向低能位转化，系统状态总是从有序态向无序态转化，因此熵的变化总是由低向高的过程，这就是熵

---

① 马峥. 通过计量指标分析发现操纵期刊评价结果的行为 [J]. 编辑学报，2016，28（6）：608-611.

② 沈世镒，吴忠华. 信息论基础与应用 [M]. 北京：高等教育出版社，2004：1-289.

增加原理。热力学第二定律因此又被称为熵定律。

熵是状态函数，在其定义中所涉及的热量与物质的量存在正比关系，因此一个系统确定的状态对应着确定的熵值。熵的增量 ΔS 取决于系统变化前后的初始状态和最终状态，与系统的变化路径及变化过程是否可逆没有关系。①

2.3.2 玻尔兹曼熵概念②

1872年，奥地利物理学家玻尔兹曼（Boltzmann）对熵的微观物理意义进行了描述。他把一个系统中"热"的概念理解为微观的分子运动，按照分子运动论的理论体系对熵的概念和熵增加原理进行了解释，提出了玻尔兹曼熵，并揭示了熵的微观统计意义。玻尔兹曼熵的关系式为：

$$S = k\ln W \text{。} \tag{2-3}$$

其中，S 是统计物理熵，k 是玻尔兹曼常数，W 是确定宏观状态下的微观状态数，即分子热运动的概率。

按照玻尔兹曼熵概念，一个系统熵的量取决于这个系统在该热力学状态下微观状态数的多少。系统熵增加的过程实际上就是这个系统内微观状态数由少向多的变化过程，也是微观状态从有序小概率状态向无序大概率状态转化的过程。当一个系统最终达到熵最大的状态的时候，内部微观状态数量极大，系统内的微观状态之间没有差异，形成稳定的平衡状态。③④

---

① 曹雪虹，张宗橙．信息论与编码［M］．北京：清华大学出版社，2004：1-70．

② 敖世友．企业管理熵流值在企业绩效评价中的应用研究［D］．成都：四川大学，2002：1-30．

③ 唐焕文，张立卫，王雪华．一类约束不可微优化问题的极大熵方法［J］．计算数学，1993，15（3）：268-275．

④ 王长钰，韩继业．非光滑半无限规划极大熵方法的稳定性［J］．中国科学 A 辑，1999，29（7）：593．

2.3.3 信息熵概念①

1929年，匈牙利科学家L. Szilard首先构想了熵与信息不确定性之间的关系，延伸了热力学熵理论。受此启发，20世纪中期香农等提出信息熵概念，创造了信息的单位比特，指出"信息表征对象动状及存态之不确定性"。② 信息是对具象和抽象事物的描述方式，是记载和传递物质属性、运动状态等方面的非物质性内容。信息可以借助几乎所有物质性载体进行记录和传播。对于封闭系统来说，在没有做功的情况下，系统吸收信息的价值是增加有序性、减少混乱和不确定性。因此信息的增量可以理解为负熵。

在借鉴热力学熵的基础上，香农认为任何信息都存在冗余，而冗余与信息的出现概率或不确定性有关。信息熵是排除了冗余后的平均信息量。计算信息熵的方法如下。

设 $X = [X_1, X_2, \cdots, X_n]$ 表示某信息中 n 种可能的独立事件，$p = [p_1, p_2, \cdots, p_n]$ 表示这 n 种事件发生的概率，$\sum_{i=1}^{n} p_i = 1$，则信息熵 $H(X)$ 可以定义为：

$$H(X) = -\sum_{i=1}^{n} (p_i \log p_i) 。 \quad (2-4)$$

信息熵概念的提出，有效地解决了对信息的量化度量问题，为信息的测度确定了统一的科学计量方法。③ 信息熵反映了信息的不确定程度，描述了离散随机事件的出现概率。④ 信息出现的概率越高说明信息被传播得越广泛，从知识扩散的角度来说，说明某观点、某文献被引用的程度越高。信

---

① 邢修三. 物理熵、信息熵及其演化方程 [J]. 中国科学A辑, 2001, 31 (1): 77-84.

② SHANNON C E, WEAVER W. The mathematical theory of communication [M]. Urbana & Chicago: University of Illinois Press, 1963: 21-50.

③ 宛天巍, 王浣尘, 张旭. 信息测度方法的综述 [J]. 系统工程理论方法应用, 2005, 14 (6): 481-486.

④ 钟义信. 面向智能研究的全信息理论：纪念Shannon信息论50周年 [J]. 北京邮电大学学报, 1998, 21 (4): 1-6.

息熵的理论研究和实践研究可以泛化到一切有概率分布的问题。①

信息熵的出现,为信息的度量提供了基础理论和方法。信息论创立以后,在信息传播和信息压缩两大方面的理论和应用上取得了快速发展。在语法、语义和语用3个内涵层次上的演进,逐步产生了技术信息论、语义信息论和效用信息论这三大分支。②

2.3.4 信息熵概念的发展

自信息熵的概念提出后,大量学者对信息熵的概念进行扩展。1958年Kolmogorov提出了利用Kolmogorov熵来度量系统运动的无序程度,用于在动力学系统描述系统信息量增长的快慢③。Pincus④提出了近似熵的概念,从统计学的角度计算系统重构空间中的条件概率,反映时间序列在演化过程中的概率大小,据此度量该时间序列的复杂性水平。其优点在于,所需要的数据量比较小,同时又具备较强的抗干扰能力,适用于确定性信号、随机信号和混合信号。2000年,Richman等提出了样本熵统计量⑤,这一概念不计入自身数据的比较,具有更好的相对一致性。2002年出现了多尺度熵概念,Cost等⑥提出了通过分别计算每个空间尺度熵的样本熵值再计算总值来反映序列的动力学复杂性。Christoph等⑦证明熵理论适用于满足简易快速

---

① 周荫清. 信息理论基础 [M]. 3版. 北京:北京航空航天大学出版社,2006:1-100.
② 肖勇. 信息研究的立体透视 [J]. 情报学报,2012,21 (1):97-102.
③ KOLMOGOROV A H. A new metric invariant of transient dynamical systems and automorghisms in Lehesgue spaces [J]. Dokl Akad Nauk SSSR, 1958, 119: 861-864.
④ PINCUS S M. Approximation entropy as a measure of system complexity [J]. Proc Natl Acad Sci USA, 1991, 88 (7): 2297-2313.
⑤ RICHMAN J S, MOORMAN J R. Physiological time-series analysis using approximate entropy and sample entropy [J]. Am J Physiol Heart Circ Physiol, 2000, 278 (6): 2039-2049.
⑥ COST M, GOLDBERGER A L, PENG C K. Multiscale entropy analysis of complex physiologic time series [J]. Physical review letters, 2002, 89 (6): 68-81.
⑦ CHRISTOPH B, BERND P. Permutation entropy: a natural complexity measure for time series [J]. Physical review letters, 2002, 88 (17): 174102.

数据分析工作。James 等①提出了暂态信息概念并证明熵理论可以用于分析不同随机过程。Li 等②提出了联合熵的概念和分析方法，通过计算原始时间序列和替代序列的联合熵值来量化序列的动力学复杂性。同时，Liu 等③也发现和验证了近似熵等算法的稳定性不足。赵红州等④基于知识单元理论提出了知识熵。⑤

熵概念可以简单地定义为系统混乱程度的状态量。定义虽然简单，但是它涵盖的内容却非常丰富，并在不同领域都得到很多发展和延伸，它在不同语境下的定义和物理含义的表述非常多样化。最初熵是作为热力学领域的概念提出的，具有非常明确的物理意义，就是表征态函数的定量指标，因此在这个范畴内的熵可以定义为物理熵。1948 年，美国贝尔实验室的通信领域科学家香农把熵的概念引入到通信过程，将来自信源的平均信息量定义为信息熵。根据熵的概念和物理意义，香农把信息熵定义为系统内离散随机事件的出现概率，也就是特定信息出现的概率。信息熵 $H(X)$ 是随机变量 X 的概率分布函数，又可以称熵函数。一个相对有序的系统，混乱程度较低，则信息熵 $H(X)$ 就相对较低；反之，一个相对混乱的系统，有序程度较低，则信息熵 $H(X)$ 就相对较高。因此信息熵是表征系统有序程度（或混乱程度）的一个测度变量。

引入通信、控制等领域的熵概念形成了信息论的重要组成部分。通常

---

① JAMES P C, DAVID P F. Regularities unseen, randomness observed: levels of entropy convergence [J]. Chaos: an interdisciplinary journal of nonlinear science, 2003, 13 (1): 25-54.

② LI J, NING X B, MA Q L. Nonlinear dynamical complexity analysis of short-term heartbeat series using joint entropy [J]. Journal of biomedical engineering, 2007, 24 (2): 285-289.

③ LIU C Y, LIU C C, SHAO P, et al. Comparison of different threshold values r for approximate entropy: application to investigate the heart rate variability between heart failure and healthy control groups [J]. Physiol meas, 2011, 32 (2): 167-180.

④ 赵红州，唐敬年，蒋国华. 物理定律的知识熵表示问题 [J]. 自然辩证法研究，1991, 7 (8): 14-22, 13.

⑤ 林德明，王宇开，杨中楷，等. 赵红州与知识单元：兼论科学学的新进展 [J]. 科学学研究，2019 (8): 1345-1352.

认为，信息熵概念是物理熵概念的延伸。但是信息熵概念不能完全孤立于物理熵概念而单独存在，二者对混乱程度的表述形式是具有同源性的。[①] 按照熵的物理含义，它是用来描述一个系统中，构成系统的单位粒子（如分子）从完全有序到完全无序之间所处状态的一个物理量，或称为表达混乱程度的状态量。根据热力学第二定律，热力学概念下的独立系统随时间的变化过程，只能是从有序向混乱变化，是一个单调熵增的过程。也就是说，热力学中的热熵只能增加，不能减少。因为信息熵所表征的是系统由于引入信息而趋向于从混乱向有序变化的过程，所以是一个单调熵减的过程。也就是说，信息表达的是负熵的概念，只能减少，不能增加。

按照信息论的基本原理，信息是系统有序程度的一个度量，熵是系统无序程度的一个度量。如果某指标的信息熵越小，该指标提供的信息量越大，在综合评价中所起作用理当越大，权重就应该越高。[②] 如果要从这个角度定义信息的概念，可以表述为：只要是在某个场景下能导致不确定性减少的任何事物都可以认为是信息[③]。因此可以用信息熵变化量来表征信息引入量，也可以认为，信息熵是从相反的角度描述不确定性和混乱程度。在复杂系统中，信息是很难清楚地逐项逐条界定的，例如，科技期刊发表的每篇论文对学科知识系统不确定性降低的作用是很难测算的。但是，若考察整个系统信息熵的变化，也许就可以回答期刊论文总体是否降低了学科知识系统的不确定性的问题。在积累足够丰富的历史数据的情况下，还可以通过置信度的检验提炼出对未来发展走势的预测模型。

香农归纳出了信息熵的 3 条特性：其一是单调性。发生概率越高的事件，其所携带的信息熵越低。广为人知的内容并没有传递太多的信息增量，

---

① 张亚妮，范中和. 物理熵与信息熵的辩证统一 [J]. 宝鸡文理学院学报（自然科学版），2002，22（2）：145-147.

② 刘文军. 连续值域决策表的一种属性权重确定方法 [J]. 模糊系统与数学，2008，22（3）：160-166.

③ SHANNON C E, WEAVER W. The mathematical theory of communication [M]. Urbana & Chicago: University of Illinois Press, 1963: 21-50.

从信息论的角度看,大众知识或无价值知识没有消除太多的不确定性。其二是非负性。信息熵不能为负,因为任何信息只能在不同程度上降低系统的混乱程度,不可能增加系统的不确定性。即便是完全没有价值的信息引入系统,其系统不确定性仍然维持不变状态,信息熵为0。其三是累加性。多个随机事件同时发生时,系统总体不确定性的数值可以用各事件相应不确定性指标的数值累加之和来表示。①

信息熵 $H(X)$ 还具有一些数量关系特质,主要包括连续性、对称性、可加性、扩张性、极值性、上凸性等。

2.3.5 信息熵的应用

基于信息熵的实践应用范围非常广泛,横跨多个学科领域。早期,人们试图用信息概念和方法来解决一些学科(如语义学、生理学、心理学)面临的许多未能解决的问题。20世纪60年代,信息论推广到生物学和神经生物学。② 70年代以后,计算机广泛应用,通信能力极大提高,学者开始更多关注有效处理和应用信息的问题。③ Larson 等研究应用熵指标定量分析了气象数据,证明降雨时间序列数据是一个有限阶的马尔可夫过程。④

本研究通过对应用信息熵概念开展的各类研究文献的梳理,归纳信息熵研究的应用范围,得到表2-1。可以看出,各个领域的学者都开展了基

---

① 赵亚丽. 一类复杂系统的熵方法研究 [D]. 北京:中国科学院自动化研究所,2005:1-108.

② 胡华. 生存指数熵及其分析性质 [J]. 华中师范大学学报(自然科学版),2007,41(4):493-496.

③ 梅琼林. 克劳德·香农的信息论方法及其对传播学的贡献 [J]. 九江学院学报,2007(6):1-5.

④ LARSON J W, BRIGGS P R, TOBIS M. Block-entropy analysis of climate data [J]. Procedia computer science, 2011, 4 (1): 1592-1601.

于信息熵概念的应用研究和探索活动①,既包括自然科学②,也包括社会科学领域。③④⑤⑥

表2-1 信息熵研究的应用范围

领域	主题
地球科学	气象
信息科学	图像处理、数据集分割、粗糙集信息检索模型、文本挖掘
工程科学	水系统、泥沙研究、水利水电工程网络管理、水污染物总量区域公平分配、电子测量误差分析、煤田勘探、安全系统
通信科学	缺陷漏磁信号量化、网络流量矩阵估算、导航传感器故障诊断、入侵检测
生命科学、医药卫生	现代生物医学、胃癌诊断、生理学、生物学、神经生物学、体绘制视图选取、基因调控网络构建、临床定量诊断分析
社会科学	组织化、语义学、电子数据取证、图书分类决策、心理学、行为科学
经济学	工程造价风险分析、体育综合服务质量模糊评价、竞争情报计量分析、农业技术扩散、煤炭企业经济效益评价
教育学	教学质量分析、学生成绩分析、教育信息处理
管理学	设计风险管理、项目沟通管理、建设工程评标

---

① 王栋,朱元甡.信息熵在水系统中的应用研究综述[J].水文,2001,21(2):9-14.

② 朱桂英,张瑞林.信息熵在图像处理中的应用[J].研究与技术,2006(12):34-36.

③ 姜殿玉.管理科学中的带熵博弈论[D].大连:大连海事大学,2008:1-30.

④ 李锦清.基于管理熵理论的中国民营企业生命周期研究[D].成都:四川大学,2006:1-20.

⑤ 张明宏.熵理论及其在项目管理决策中的应用研究[D].西安:西安建筑科技大学,2004:1-56.

⑥ 李英华,李兴斯,姜昱汐.信息熵度量风险的探究[J].运筹与管理,2007,16(5):111-116.

第 2 章 相关研究综述

　　从实践内容上来归类，大多信息熵概念是应用于模糊聚类或基于时间序列数据的分析。① 信息熵在模糊聚类中有十分广泛的应用，多应用于文本挖掘、图像分段或视频序列匹配中。② Gerardo 等③基于确定性退火方法提出了最小偏差模糊聚类方法，但该方法的缺陷是容易产生重叠聚类。Dave 等基于 Renyi 熵估计器的评价标准使用信息度量来估计分割数据集，并提出了峡谷搜寻聚类算法④。该方法通过寻找峡谷区域（数据分布稀少的区域）来形成数据的非线性分割，从而提高数据集的分割精度。该方法需要预先制定聚类数 k 且计算复杂性较高。Yao 等提出了基于熵度量的模糊聚类模型，该方法不需预先制定聚类数据，而是通过计算每个数据点的熵值来得到聚类结果。因此该方法更适合聚类小规模静态数据⑤。另外还有一些工作利用熵方法改进评价函数⑥提出了最大熵聚类算法⑦。

　　在信息论中，KL 散度（Kullback-Leibler divergence），又称相对熵（relative entropy），是描述两个概率分布 P 和 Q 差异的一种方法。$D(P \| Q)$ 表示当用概率分布 Q 来拟合真实分布 P 时，产生的信息损耗，其中 P 表示真实分布，Q 表示 P 的拟合分布。在一定程度上，相对熵可以度量两个随机变量的距离，但实际上，KL 散度不是对称的，即 $D(P \| Q) \neq D(Q \| P)$，另

---

　　① 韩文民，龚俏巧，刘智勇. 基于模糊综合决策及 Shannon 熵的关键链缓冲确定方法［J］. 江苏科技大学学报（自然科学版），2009，23（1）：75-78.

　　② 郝多，廖福成. Shapley 熵的公理刻画［J］. 北京工商大学学报（自然科学版），2007，25（2）：81-84.

　　③ GERARDO B, LIU X M. A least biased fuzzy clustering method［J］. IEEE transactions on pattern analysis and machine intelligence, 1994, 16（9）: 954-960.

　　④ DAVE R N, KRISHNAPURAM R. Robust clustering methods: a unified view［J］. IEEE transactions on fuzzy systems, 1997, 5（2）: 270-293.

　　⑤ YAO J, DASH M, TAN S T, et al. Entropy-based fuzzy clustering and fuzzy modeling［J］. Fuzzy sets and systems, 2000, 113（3）: 381-388.

　　⑥ KARAYIANNIS N B. MECA: maximum entropy clustering algorithm［C］. Proceedings of the third IEEE conference on fuzzy systems. New York: IEEE, 1994: 630-635.

　　⑦ LI R P, MUKAIDONO M. Gaussian clustering method based on maximum-fuzzy-entropy interpretations［J］. Fuzzy sets and systems, 1999, 102（2）: 253-258.

外，KL散度也不满足三角不等式。因此尽管KL散度从直观上看是个度量或距离函数，但它并不是一个真正的距离度量值。当两个随机分布的差别增大时，它们的相对熵也会增大。相对熵的典型应用是，可以通过对词频的统计来计算相对熵（KL散度），用于比较文本的相似度。

从信息传播的角度来看，信息熵可以用于测度信息的价值。根据Charles H. Bennett对麦克斯韦妖的解释，对于一个特定系统，信息的消失是一个不可逆过程，所以信息消失的过程是符合热力学第二定律的。对于一个系统，信息的引入降低了系统的不确定性，起到为系统引入负熵的作用，使得系统信息熵降低，所以信息实际上是负熵。可以这么理解，当某一个信息被广泛应用和传播的时候，说明这样的信息所关联的知识内容具有更大价值，更加有效地提高了整个学术体系对客观世界认知的一致程度和共识，降低了对未知知识领域的错误理解。①

在期刊评价领域也可以应用信息熵，期刊提供的知识集合对整个知识传播系统而言，显示度水平（概率）越高，意味着该知识集合的内容价值越大。② 因此，可以将信息熵作为一个测度信息价值水平的定量指标，应用于科技期刊评价工作。受信息熵的启发，张琳提出了引文熵的概念，度量期刊引文链接分布的宽泛度和不集中度，用于表征引文信息分布的宽化与泛化和测度期刊的信息传播特征与规律③。

2.4 本章小结

通过对相关文献的调研分析，可以归纳出以下几点认识。

---

① 李长玲. 图书馆管理中的熵增效应与耗散结构理论 [J]. 情报杂志，2005，24 (4)：96-97.

② 薛青林. 浅析知识集合在科研评价中的应用 [J]. 科技管理研究，2009，29 (8)：598-599.

③ 张琳. 期刊在引文网络中的信息交流特征研究：基于自被引率、强链接、引文熵和PageRank四个指标的比较分析 [J]. 中国科技期刊研究，2013，24 (2)：272-276.

① 关于科技学术期刊传播规律研究主要分为3类：一是针对科技学术期刊传播模式的研究。二是基于引文分析探索学术期刊生命周期全过程的研究。三是从知识扩散理论出发，探索科技学术期刊传播影响因素。

② 一般认为，学术期刊与其他信息传播媒体的信源和信宿属性一致。学术期刊出版过程是典型的信息传播过程，具备明确的信源、信宿和信道主体。因此引用关系是描述和反映学术期刊发挥信道功能的有效工具。

③ 为了弥补学术期刊评价活动中同行评价方式的短板，学术期刊的定量评价方法受到广泛欢迎，它可以划分为基于传统文献计量学和基于替代计量学的两种方式，或者说，二者成为学术期刊定量评价的两个阶段。较先出现的是基于引文分析的传统计量学方法，应用模式比较成熟，被期刊评价的使用者和评价对象广泛接受。替代计量学有赖于信息技术的发展和传播模式的创新，处于积极探索阶段，在期刊评价实践应用层面上，目前是传统计量学方法的补充。

④ 从情报学角度看，学术期刊的识别、监测、评价和管理等问题可以归结为学术信息集合的静态和动态的定量测度问题。信息熵正是解决信息度量问题的经典理论。

⑤ 受 L. Szilard 熵与信息不确定性之间的关系思想的启发，香农提出信息熵概念，创造了信息的单位比特，指出"信息表征对象动状及存态之不确定性"。

⑥ 基于信息熵的实践应用范围非常广泛，横跨多个学科领域。从实践内容上来划分，信息熵主要应用于模糊聚类或基于时间序列数据的分析。

第3章

知识系统信息熵的测度

3.1 知识系统信息熵的概念

3.1.1 基于信息熵的学术期刊出版研究

信息熵的状态和变化量是描述认知不确定性的量,是体现科学体系发展进程的量。引起一个学科信息熵变化的根本原因,是人类科学研究活动的成就。这些成就使人们对世界有了更准确的认识,减少了认知不确定性。学术期刊是科研成果最主要的集合方式和传播渠道。*Science* 杂志前主编唐纳德·肯尼迪认为,期刊论文可以看作学术成果表现的基本形式。[1] 学术期刊的良性可持续发展,是科学进步的重要保障。

基于信息熵理论开展和学术期刊发展相关的研究工作可以归入4个层面。

(1) 传播学层面

20世纪60年代西方传播学领域的学者已开始逐步接触和引入信息论方法。维纳等学者探讨在传播过程中信息冗余和信息熵的平衡[2]。研究显示,无论信息是以何种方式和何种途径进行传播的,噪声处理和途径选择通常

---

[1] 肯尼迪. 学术责任 [M]. 阎凤桥,等译. 北京:新华出版社,2002:1-348.
[2] 金坚,赵玲. 大数据时代信息熵的价值意义 [J]. 科学技术哲学研究,2018,35(3):117-121.

是控制传播效率的有效手段。① 这也引发了关于媒体作为典型传播途径对传播效果和传播内容的影响的研究。信息理论的概念为传播学提供了新的视野，香农的信息论为传播学过程和很多其他主题的研究提供了新思路②。

（2）出版层面

出版活动作为传播学关注的一个重要侧面，在信息交流上的显著特征是一对多。这是一种从单一作者到众多读者的信息交流。按照信息论概念，科技学术出版行为是一种信息组织行为：论文等成果（信息）从作者到读者（信源到信宿）之间通过媒体（信道）传输。

（3）学术期刊层面

学术期刊是出版领域中独具特色和价值的一类出版物。学术论文之间的引文关系描述了知识传播过程。朱松柏等将信息熵理论中信源、信道、信宿等概念类比学术期刊的稿源、编辑和读者，提出学术期刊的价值在于减少信息的不确定性，即降低信息熵。③张琳用引文熵测度期刊这类"科学单元"在知识交流中发挥作用的机制。④有学者在小样本的期刊评价中，尝试采用熵权法，对学术期刊的实用性、计划性、完整性和节约性进行综合评价。⑤ 熵权法的基本思想就是指标提供的信息量越大，在综合评价中所起作用理当越大，权重就应该越高。基于信息是负熵这个理念，根据评价系统各项指标的性质，即正向指标还是负向指标，为评价指标合理赋权。

研究还发现：在学术信息体系中，期刊编辑出版环节不仅发挥信道作用，还将学术信息有序化，减少信息的陈旧、糨糊和错误，而且促使其充

---

① 王鸣飞. 浅议信息理论对传播学理论的影响 [J]. 辽宁广播电视大学学报，2010（1）：58-60.

② 梅琼林. 克劳德·香农的信息论方法及其对传播学的贡献 [J]. 九江学院学报，2007（6）：1-5.

③ 朱松柏，李秀铎. 基于信息熵理论的高校校报编辑研究 [J]. 新闻知识，2010（3）：79-81.

④ 张琳. 期刊在引文网络中的信息交流特征研究：基于自被引率、强链接、引文熵和PageRank四个指标的比较分析 [J]. 中国科技期刊研究，2013，24（2）：272-276.

⑤ 薛紫华. 科技期刊综合评价的探讨 [J]. 科技通报，1987，3（4）：44-47.

实、完善，使作者正确的、先进的、科学的思想不仅完整地传播到读者，还能在信息流动过程中实现增值效应①。

（4）学术信息应用层面

学术信息应用是将学术期刊文献和其他学术资源整合，为用户提供更深刻的学术发现。研究发现，信息服务系统的运作就是通过实施多方面的措施向系统输入熵流的过程。如果输入信息检索系统的熵流是小于零的负熵流，系统的总熵减少，系统的结构优化。

在著名科学计量学家、普赖斯奖得主 Loet Leydesdorff 创立的基于三螺旋模型的创新系统理论中，信息熵概念具有重要地位，他采用科研、政府、企业3个子系统之间的互信息（mutual information）描述不确定性，进而测度三螺旋协同程度。很多学者遵循这个方向开展了大量的实证研究，并尝试扩展至更复杂的 n 螺旋结构系统。

考察信息熵在上述传播学、出版、学术期刊、学术信息应用4个层面的研究和实践，可以看出：①信息熵理论作为当代信息科学的基础性思想，在很多领域有重要影响，对于传播学、出版和学术期刊领域也不例外。②在信息论语法、语义和语用3个内涵层次上，对于语法的研究较为深入，而对于语义和语用（度量信息传递的目的和实际效用）的研究相对较弱。③在对学术期刊的相关研究中，尽管已经出现了基于信息熵思想的相关研究，但尚未涉及学术期刊传播学术信息的特征、机制和效用，也鲜见针对学术期刊管理需求开展的研究。④在学术信息应用方面，信息熵研究仍处在由定性描述向定量研究发展的过程中。

3.1.2 学术传播的系统属性

对学术期刊传播的特点和属性进行系统思考和重新梳理，可以认为科技学术期刊具备如下特征，符合一个系统的特性。

---

① 刘杨，赵大良，葛赵青. 学术期刊信息的传播模式 [J]. 编辑学报，2005，17(6)：410-412.

①总体大于部分之和。① 我国科技期刊作为一个整体，不是几千种科技期刊的简单相加。这些科技期刊和对科技期刊的管理机制、评价、投入等诸多相关内容及它们之间的联系，共同构成了科技期刊这一总体系统。对科技期刊的研究和管理，有必要从总体上进行考虑。②

②多重目标，多重发展路径。科技期刊的发展目标不仅是记载、传播和积累科技信息、科技理念、科技知识，成为展示科技进步的窗口，同时也应成为科技人员进行科技成果传播和学术交流的平台。科技期刊反映了一国科技发展的现状和水平，承担着促进科学创新的公共社会责任。③ 科技期刊是科学活动中的纽带和桥梁，因此科技活动中的科学研究、科技管理政策、科技出版管理体制等多方面的相关因素都会对科技期刊的发展和变化产生影响，而这些因素在不同时期的不同组合，也意味着多种发展道路和结果。选择最优方案正是系统思考支持决策的最终目的。

③因果互动和内部反馈。从内部而言，科技期刊的政策法规、体制、人员、产业、评价等子系统和更多相关因素之间，还有单个期刊之间，并不是简单的单向因果关系，而是相互影响，互为因果。贝塔朗菲是现代系统研究的开创者，他对系统的定义就是相互作用的多元素的复合体。④ 科技期刊正是这样的一个复杂系统。

④封闭和开放的统一。科技期刊在科学事业发展的大环境中，是一个相对独立的系统。但是这个独立系统并非一个完全孤立的封闭体。科技期刊系统与外界环境之间的物质、能量和信息的交换是其自身发展和发挥功能的机制。而且这种交换在一定的条件下会形成相对稳定的状态，即科技期刊系统兼备封闭性和开放性。

---

① 邱昭良. 系统思考实践篇［M］. 北京：中国人民大学出版社，2009：25-295.
② 打造科技期刊集团军 集约化进军［EB/OL］. （2010-04-29）［2016-04-29］. http://news.163.com/10/0429/14/65EQ4CFI000146BC.html.
③ 张明海，欧兆虎. 略论社会责任与科技期刊品牌影响力［EB/OL］. （2014-08-19）［2016-04-20］. http://media.people.com.cn/GB/22114/52789/158131/9464017.html.
④ 许国志. 系统科学［M］. 上海：上海科技教育出版社，2010：1-436.

3.1.3 知识系统不确定性的构成

本研究定义的知识系统是在确定的边界内,基于一定的知识载体,汇集人类对客观世界的显性认知,同时存在相同和不同的研究观点,并且随着时间转移会出现观点的变化、增加和消失。这种观点的构成变化被看作知识系统的不确定性。知识系统的不确定性可以分解为静态层面的不确定性和动态层面的不确定性(图3-1)。

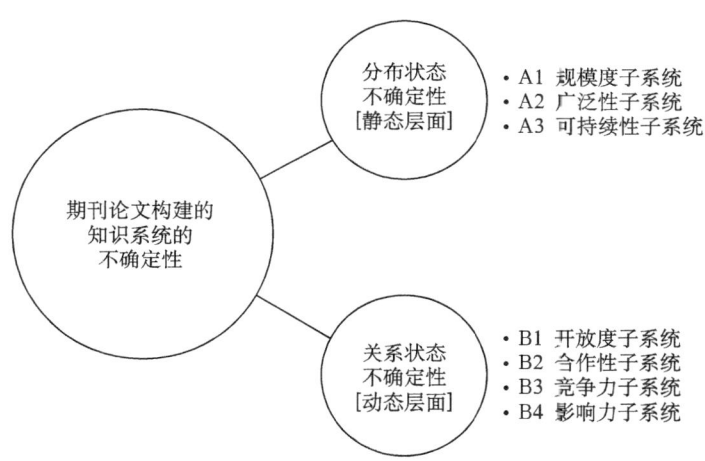

图3-1 期刊论文构建的知识系统的不确定性分解

(1)分布状态不确定性(静态层面)

分布状态不确定性主要从静态层面反映一个知识系统对学术知识内容的结论、研究关注点的趋向性等绝对指标量分布是否显著呈现出集中或是分散的态势。在一个系统内,经过一段时间后,对知识观点、研究热点、主流发展方向的判断越一致和集中,则这个知识系统对学术问题的认识越清晰、一致,也就是人类对客观世界的认识越趋于完整、正确。反之,一个系统内对知识的探索和理解更加多样,且不同方向和结论的正确可能性(正确概率)彼此差别不大,则说明人类对相关问题的认识还处于不确定、不清晰、不一致的状态。

针对学术期刊论文所构建的知识系统之静态不确定性的表述可以继续

分解成如下 3 个子系统。

A1 规模度：指学术期刊传播文献的容量。学术期刊作为发布和交流平台，在保证质量和效率的前提下，应该尽量多地发表体现科学发现和技术创新成果的论文。

A2 广泛性：指期刊学术影响的扩张能力。学术期刊所发表传播的内容是科研论文，需要有足够的读者群，才能实现高效率的成果传播功能和活跃的学术交流功能。

A3 可持续性：主要指基金支持论文的数量和比例，以此来体现期刊论文与科技投入的匹配程度。

（2）关系状态不确定性（动态层面）

关系状态不确定性主要从动态层面反映一个知识系统关于对学术知识节点结构、节点之间的相互作用、不同节点之间的关系类指标是否显著呈现集中还是分散的状态。①② 在一个系统内，不同的节点层次上（如作者、期刊、关键词、单篇论文），知识之间的联系形成了节点网络。基于节点网络所表达的知识节点与相关节点之间的联系，可以反映出整个知识系统的相对集中性。与绝对集中性的含义相同的是，人们对知识观点、研究热点、主流发展方向的判断越一致和集中，说明这个知识系统中对学术问题的认识越清晰、一致，也就是人类对客观世界的认识越趋于完整、正确。反之，一个系统对知识的探索和理解更加多样，且不同方向和结论的正确可能性（正确概率）彼此差别不大，则说明人类对该问题的认识还处于不确定、不清晰、不一致的状态。

针对学术期刊论文所构建的知识系统之相对集中性层面对系统不确定性的表述可以继续分解成如下 4 个子系统。

B1 开放度：指期刊论文稿源组织的合理性和开放程度。稿源渠道建设是学术期刊建设的重要组成部分。广泛充分的高水平稿源是期刊发挥自身

---

① 邢修三. 论动态统计信息理论［J］. 北京理工大学学报, 2004, 24（1）: 1-15.
② 邢修三. 动态统计信息理论［J］. 中国科学 G 辑, 2005, 35（4）: 337-368.

功能的基本保障。如果稿源范围过于有限，或者过于集中，则会降低学术期刊的交流活力。

B2 合作性：指期刊发表合著论文（包括国家层面、机构层面合作研究所形成论文）的能力。① 合作研究往往能实现优势互补，产出高水平研究成果。特别是近年来逐渐增多的大规模多边合作产出的"大科学"论文成果，往往是全世界均可受益的关键成果。②

B3 竞争力：指给定期刊与同学科或同类型的其他期刊竞争取得比较优势的能力。学术期刊虽然大都具有显著的公益性色彩，学术出版活动同时也是一种商业行为。在竞争中发展壮大是学术期刊不能逃避的任务。

B4 影响力：指期刊发表的论文成果对其他相关学术研究活动的借鉴价值或争鸣价值，主要通过引文来测度。期刊论文被引用可以被看作论文产生学术影响的典型表现。

3.1.4 知识系统信息熵的定义

正是因为学科发展和传播具有显著的系统属性，所以可以把一个学科领域发表在学术期刊上的论文集合作为一个孤立系统进行研究。在本研究中，知识系统信息熵定义如下：在期刊研究论文所构成的封闭和孤立的知识系统中，将对特定科学问题的认识和判断的不确定性状态的测度量，定义为该知识系统的信息熵。

对于信息熵的测度，较为可操作的方法是通过构建数学模型来组织和描述反映知识熵的各项指标。③

---

① 徐久龄，马波. 科学进程中的合作研究 [J]. 情报理论与实践，2006，29（3）：277-280.

② 郑德俊，叶继元. 基于合作模式的引文数据库发展策略 [J]. 大学图书馆学报，2005，23（1）：79-83.

③ 孟庆生. 关于 Shannon 熵的局限性 [J]. 工程数学学报，1986，3（2）：115-121.

3.2 测度知识系统信息熵的原理

3.2.1 构造指标矩阵

对于一个学科领域的发展来说，随着时间的推移，通过学术传播发挥知识积累和交流功能，人类对科学规律和发展方向的认知会逐步清晰。如果我们假设一个学科领域中某一个未知知识点存在 n 个预设可能选项，那么在早期，n 个预设选项的不确定性相对较显著，也就是人们的知识认知较混乱；在后期，n 个预设选项的不确定性相对减弱，也就是人们的知识认知逐渐清晰。这一过程，就是有效信息加入学科知识系统（引入负熵）的过程。

在信息熵理论框架下，我们可以把 n 个预设可能选项看作随机选项，用 m 个指标来描述每一个预设选项的明确性，即表达每一个选项的概率 p_i。

例如，本研究在后文的实证部分所选用的样本就是能源科学领域中 7 个预设的主题选项（$n=7$，包括煤炭、石油、天然气、水动力、核能、太阳能、风能），它们是未来成为该领域主流发展方向的可能选项，用 m 个指标来分别测算和表达每种预设方向的概率。根据本研究提出的假设来推断，在这个学科系统中，随着知识信息的注入，不同预设选项成为主流研究方向的可能性的概率在变化。由于这个领域的未来方向会逐渐清晰，不确定性降低，所以这个学科知识系统信息熵的状态数值应该有所下降。

由此，可以构建指标矩阵为：

$$F = \begin{pmatrix} f_{11} & \cdots & f_{1n} \\ \vdots & \ddots & \vdots \\ f_{m1} & \cdots & f_{mn} \end{pmatrix}。$$

其中，n 代表 n 个学科方向，m 代表 m 个测度指标。设（$i=1,2,\cdots,n; j=1,2,\cdots,m$），则 f_{ij} 为第 i 个学科方向上的第 j 个指标的数值。

3.2.2 标准化处理

由于不同指标的量纲、极值等存在显著差异，必须要对指标矩阵进行标准化转化，形成标准化矩阵 A：

$$A = \begin{pmatrix} a_{11} & \cdots & a_{1n} \\ \vdots & \ddots & \vdots \\ a_{m1} & \cdots & a_{mn} \end{pmatrix}。$$

其中，设 $(i=1,2,\cdots,n;j=1,2,\cdots,m)$，则 $a_{ij} \in [0,1]$。标准化公式为：

$$a_{ij} = \frac{f_{ij} - \min\{f_{1j},\cdots,f_{ij},\cdots,f_{nj}\}}{\max\{f_{1j},\cdots,f_{ij},\cdots,f_{nj}\} - \min\{f_{1j},\cdots,f_{ij},\cdots,f_{nj}\}}。 \quad (3-1)$$

其中，$\min\{f_{1j},\cdots,f_{ij},\cdots,f_{nj}\}$ 代表 j 指标项上，n 个选项的 f_{ij} 的最小值，$\max\{f_{1j},\cdots,f_{ij},\cdots,f_{nj}\}$ 代表 j 指标项上，n 个选项的 f_{ij} 的最大值。

3.2.3 知识系统信息熵数值的计算

本研究对于孤立系统各个单项指标的信息熵计算公式为：

$$H_j = K \sum_{i=1}^{n} (p_{ij} \ln p_{ij})。 \quad (3-2)$$

其中，i 代表预设未明确知识点的 n 个待定判断选项中的第 i 个，如后文中举例的能源学科 7 个可能未来主流方向的第 i 个选项 $(i=1,2,\cdots,n)$；j 代表用于描述不确定性的 m 个指标中的第 j 个，可以看作整个系统的第 j 个子系统 $(j=1,2,\cdots,m)$。

K 是实现计算结果归一化常数。因为 $\sum_{i=1}^{n}(p_{ij}\ln p_{ij})$ 的数值范围是 $[\ln\frac{1}{n}, 0]$，所以 K 取值为 $\ln\frac{1}{n}$。因此对单个系统来说，H_j 的数值分布范围是 $[0,1]$。$H_j=0$ 的情况下代表系统绝对有序（只有一个选项，实现概率是100%，其他选项的实现概率为0）；$H_j=1$ 的情况下代表系统绝对无序（所有选项的实现概率完全相同）。

其中，对于指标 j 各选项概率 p_{ij} 的定义为：

$$p_{ij} = \frac{a_{ij}}{\sum_{i=1}^{n} a_{ij}}, (i = 1, 2, \cdots, n; j = 1, 2, \cdots, m)_{\circ} \quad (3-3)$$

通过计算，可以得出 m 个预设可能选项各自的信息熵状态值，则整个知识系统的信息熵就是 m 个子系统的信息熵之和：

$$H = \sum_{i=1}^{n} H_{i\circ} \quad (3-4)$$

由于 H_i 的数值分布范围是 [0, 1]，所以 H 的数值分布范围就是 [0, n]。$H=0$ 的情况下代表系统绝对有序（所有的子系统都是只有一个选项，且同一个选项的实现概率是 100%，其他为 0）；$H=n$ 的情况下代表系统绝对无序（所有子系统的所有选项概率都完全相同）。

该指标可以看作一个孤立系统的信息量和不确定性的反映。例如，在某个研究领域中，当人类对于客观世界的认识存在两种或更多种不同观点，或者尚不知道某学科发展未来走向，只是可以预判几种可能选项时，可以认为，初期各个选项实现的可能性比较接近，不确定性较强。随着科学研究活动的积累，发展趋向必然是可能选项越少，不确定性越小；还可以认为，其中某一部分可能选项的实现概率持续增加，另一部分可能选项的实现概率持续减少，则不确定性也在减少。不确定性减少意味着知识系统所表达的信息在减少，也可以看作不确定性大的事物，逐渐得到了确定（通过科学研究成果的传播，实现了人类对客观世界的更多认知）。

对于先后不同时间点（状态 1 和状态 2）所计算得到的同一系统信息熵的状态值 H_1 和 H_2，可以直接计算信息熵数值的变化量：

$$\Delta H = H_2 - H_{1\circ} \quad (3-5)$$

其中，H_1 是根据较前时间点指标计算得到的知识系统信息熵的状态值，H_2 是较后时间点计算得到的知识系统信息熵的状态值。

这一变化量就是由于信息的注入而带来的系统不确定性的变化。若引入负熵的这一有价值信息来自某一种期刊发表的论文成果，则 ΔH 就是该学术期刊对知识系统的贡献。可采用该思路进行学术期刊的质量评价。

3.3 以能源领域为样本测度一个知识系统的信息熵

本节选取能源领域期刊论文进行知识系统信息熵的测度实证工作。在 2006 年 2 月 9 日,国务院发布了《国家中长期科学和技术发展规划纲要 (2006—2020 年)》。该规划列出了未来 15 年中国将优先发展技术的 11 大主题①,能源排在第 1 位。这意味着作为世界上最大的能源生产商和消费者之一②,中国需要科学推动能源领域的研究进步,以满足改善经济结构,确保国家安全的发展需求。在过去很长一段时期,中国主要的能源类型是煤炭、石油和天然气,它们虽然在全球广泛应用,但都是不可再生资源,而且随着储量减少,采集方面的困难和各种问题也日益突显出来。未来哪个新能源最有希望替代石化资源,已经成为广泛关注的问题。

选择这个领域进行知识系统信息熵测度的实证工作主要是考虑以下两个方面:一是能源领域存在比较明确的发展选项,即 3 种传统能源(煤炭、石油和天然气)和 4 种新能源(水动力、核能、太阳能和风能);二是能源领域研究时间相对较长,且文献产出规模适当。

3.3.1 数据来源

(1) 工程索引

工程索引(Engineering Index,EI)是工程技术领域的综合性、权威性的文摘类型检索工具,目前是 Elsevier 公司旗下的数据库产品,覆盖了 5000 多种工程技术领域各学科的期刊、会议论文、科技报告等文献。EI 数据检

---

① 国家中长期科学和技术发展规划纲要(2006—2020 年)[EB/OL].(2006-02-07)[2017-03-10]. http://www.gov.cn/gongbao/content/2006/content_240246.htm.
② People's daily online[EB/OL].(2017-11-09)[2017-12-20]. http://english.people.com.cn/englishi/200007/24.

索平台是 EI Valleage（EV）数据平台，检索方式是通过主题词搜索。①

由于能源技术是一个典型的工程学科，因此我们首先选择了 EI 数据库收录的期刊论文作为定量数据分析的主要来源。

EI 数据的检索范围是 1991—2016 年。（由于"发表论文数量"指标的计算方式采用回溯 5 年的累计发文数量，因此实际用于计算的统计年度起始于 1995 年。）

选取的文献类型为：JA（Journal Article）。

下载数据总量：203 541 条记录。

（2）科学引文索引

科学引文索引（Science Citation Index，SCI）是世界最重要、应用最广泛的检索工具类型的引文数据库之一。

因为 EI 数据库字段设计的局限性，难以较快捷地进行作者隶属关系的统计分析和作者合作关系的分析。与此同时，EI 数据库尚不能实现文献之间的引文链接，因此不能用于进行引文分析方面的指标计算。为了解决这两个问题，本研究还选择 SCI 作为补充。SCI 数据库的检索平台是 Web of Science（WOS）数据平台。检索方式也同样是采取主题词检索。

本研究需要的 SCI 统计数据范围是 1995—2016 年。（由于各年度使用 SCI 计算的各项指标都仅使用当年数据，因此实际数据统计年度起始于 1995 年。）

选取的文献类型为：Article。

下载数据总量：175 433 条记录。

（3）主题词检索式

选择的主题词是 EI 数据库学科分类表中相应学科所列出的控制词。这些控制词经过归纳和标准化，能较准确覆盖学科主题研究的文献范围。同时各个控制词之间还存在词表中的上位词、下位词关系。能源领域各个学科方向主题词检索式如表 3 - 1 所示。

---

① Engineering village 2 help[EB/OL].（2016-03-30）[2017-05-15]. http://www.engineeringvillage2.com.cn/controller/servlet/.

第3章 知识系统信息熵的测度

表3-1 能源领域各个学科方向主题词检索式

	检索式
煤炭	(({ Coal ash } OR { Lignite } OR { Bituminous coal } OR { Anthracite } OR { Coal combustion } OR { Coal industry } OR { Coal liquefaction } OR { Coal mines } OR { Coal hydrogenation } OR { Coal handling } OR { Coal gasification } OR { Coal gas } OR { Coal fueled gas turbines } OR { Coal fueled furnaces } OR { Coal deposits } OR { Coal carbonization } OR { Coal byproducts } OR { Carbon } OR { Coal } OR { Lignite liquefaction } OR { Briquets } OR { Lignite mines } OR { Liquefaction } OR { Fuel burners--Pulverized coal } OR { Coal tailings } OR { Coal storage } OR { Coal slurries } OR { Coal preparation } OR { Coal oil mixtures } OR { Coal research } OR { Coal reclamation } OR { Coal tar } OR { Coal water mixtures } OR { Furnace fuels }) WN CV)
石油	(({ Crude petroleum } OR { Petroleum, Crude } OR { Oil fields } OR { Oil sands } OR { Petroleum analysis } OR { Offshore oil fields } OR { Oil field development } OR { Petroleum industry } OR { Petroleum reservoir engineering } OR { Petroleum reservoir evaluation } OR { Petroleum reservoirs } OR { Offshore oil well production } OR { Offshore oil wells } OR { Offshore petroleum prospecting } OR { Oil wells } OR { Oil well production } OR { Petrochemical plants } OR { Petroleum deposits } OR { Oil well testing } OR { Oil well pumping } OR { Oil well logging } OR { Oil well flooding } OR { Oil well fires } OR { Oil well drilling } OR { Oil well casings } OR { Oil well cementing } OR { Oil well completion }) WN CV)
天然气	(({ Natural gas } OR { Liquefied natural gas } OR { Natural gas conditioning }) WN CV)
水动力	(({ Water power } OR { Hydroelectric power } OR { Tidal power } OR { Wave power } OR { Hydroelectric power plants } OR { Pumped storage power plants } OR { Tidal power plants } OR { Tides } OR { Wave energy conversion }) WN CV)
核能	(({ Nuclear energy } OR { Nuclear energy--Fission reactions } OR { Nuclear energy--Fusion reactions } OR { Nuclear energy--International cooperation } OR { Nuclear energy--Thermonuclear reactions } OR { Mixed oxide fuels } OR { Nuclear fuel elements } OR { Nuclear fuel pellets } OR { Spent fuels } OR { Nuclear fuels } OR { Nuclear fuel accounting } OR { Nuclear fuel cladding } OR { Nuclear fuel reprocessing } OR { Nuclear industry } OR { Nuclear materials safeguards } OR { Nuclear reactors } OR { Reactor refueling } OR { Reactor operation } OR { Uranium carbide } OR { Nuclear engineering } OR { Moderators } OR { Coated fuel particles } OR { Nuclear power plants } OR { Nuclear physics } OR { Fission reactions } OR { Fusion reactions } OR { Nuclear explosions } OR { Reactor cores } OR { Nuclear reactors--Fuel elements } OR { Fission products } OR { Radioactive wastes }) WN CV)

续表

	检索式
太阳能	(({Solar energy} OR {Solar cells} OR {Solar ponds} OR {Solar power generation} OR {Solar power plants} OR {Solar radiation} OR {Solar refrigeration} OR {Sun} OR {Solar cell arrays} OR {Silicon solar cells} OR {Cadmium sulfide solar cells} OR {Photovoltaic cells} OR {Photovoltaic effects} OR {Photoelectrochemical cells} OR {Solar equipment} OR {Silicon batteries} OR {Photochemical reactions} OR {Photoelectric cells} OR {Orbiting solar power plants} OR {Solar collectors} OR {Solar concentrators} OR {Solar water heaters} OR {Solar dryers} OR {Solar absorbers} OR {Solar heating} OR {Heliostats instruments}) WN CV)
风能	(({Wind power} OR {Pumping plants--Wind power} OR {Wind turbines} OR {Turbines}) WN CV)

3.3.2 知识系统信息熵数学模型

(1) 概念构建

知识系统:能源领域研究产出的国际期刊论文集合。

目标问题:能源领域研究的主流发展方向。

知识系统的信息熵:反映对目标问题判断的不确定性状态的变量,这种不确定性所对应的信息熵数值的变化(减少),体现了信息对系统注入的负熵的规模。期刊评价准则与计算知识系统信息熵指标对应关系如表3-2所示。

表3-2 期刊评价准则与计算知识系统信息熵指标对应关系

层面	准则层(一级指标)	计算知识体系信息熵的指标
分布状态不确定性 (静态层面)	A1 规模度子系统	发表论文数量
	A2 广泛性子系统	文献分布广泛性
	A3 可持续性子系统	基金论文数量
关系状态不确定性 (动态层面)	B1 合作性子系统	国际合作论文比
	B2 开放度子系统	篇均机构数
	B3 竞争力子系统	论文份额增长率
	B4 影响力子系统	篇均被引用次数

n 个预设可能选项：$n=7$，包括：①煤炭；②石油；③天然气；④水动力；⑤核能；⑥太阳能；⑦风能。

观测熵变化的时间点：1995—2016 年。

（2）m 个指标选择（$m=7$）

根据俞立平等研究归纳，一般常用的指标筛选方法包括基于粗糙集理论的遴选、领域内专家调研评议法或应用相关系数法和变异系数法等。尽管在指标筛选方面尚未形成统一通用的方法，但是专家评议在指标筛选中所起到的作用仍然是不能替代的①，刘丽莉研究提出选取指标的原则是：目的明确、覆盖全面、切实可行。② 因此在本研究中，采用专家评议方法选择指标。

指标选择过程中，主要考虑到本研究需要表现不同发展方向的研究体量、广泛性、活跃度、增长能力等方面的因素，结合指标的科学性、可获取性，经过多次调整和实验，结合同行专家的调研咨询意见，最终确定选取了以下 7 个指标作为期刊评价准则与计算知识系统信息熵的指标。

①发表论文数量：5 年时间窗口发表论文数量。选用 5 年是为了减少数据跳跃所造成的误差。（数据来源：EI。）

②发表论文增长速度：论文数量相对前一年度增长百分比。（数据来源：EI。）

③文献分布广泛性：文献计量学发现，出版物的秩频分布存在负幂函数关系。③④ 在这项研究中，我们交换频率与份额。二者关系公式表达为：

---

① 俞立平,潘云涛,武夷山. 科技评价中指标初步筛选的实证研究[J]. 科技进步与对策,2010,27(5):116-121.

② 刘丽莉. 评价指标选取方法研究[J]. 河北建筑工程学院学报,2004,22(1):134-136.

③ PAN Y T, MA Z, WU Y S. Comparative study on patents and publications productivity between provinces of China and states of USA[C]//Proceedings of ISSI 2005. Stockholm: Karalinska University Press,2005:232-236.

④ 朱干江,王桂芝,赵靖. 科技进步综合评价中秩和比法的运用[J]. 科技进步与对策,2007,24(6):151-154.

$$y = x^{\frac{1}{a}} \text{。} \tag{3-6}$$

其中，在某领域中，y 是各个国家发表论文的数量，x 是各个国家论文数量的排名。通常对于一个领域，a 是恒定的。如果 a 的数值在一个学科方向中较低，意味着这个学科方向中，很少的国家集中发表了较高比例的论文，文献分布广泛性较弱。反之，则可认为这个学科文献分布广泛性较强。（数据来源：EI。）

④国际合著论文比例：1 年时间窗口内国际合著论文所占的百分比。（数据来源：SCI。）

⑤篇均机构数：1 年时间窗口内论文作者所属机构数的平均值。（数据来源：SCI。）

⑥篇均论文被引用次数：5 年时间窗口内论文篇均被引用次数。（数据来源：SCI。）篇均被引用指标是分年度统计和计算的，即各年度发表论文篇均被引用次数虽然存在累计性差异，但是经过分年度标准化后，得到的数值是具有可比性的。

⑦基金项目资助论文数量：1 年时间窗口有基金项目资助的论文数。（数据来源：SCI。）一些文献计量学家发现，科技投入与科技产出之间是存在一定关联性的①，然而由于科技成果的滞后性，二者又不是简单的线性相关关系。通常来说，如果某一地区发表论文数量比另一地区多，那就意味着该地区投入的资源和设施比其他地区更多。②

3.3.3 指标计算

（1）发表论文数量

根据 EI 数据库统计，7 个研究方向的 5 年时间窗口数据如图 3-2 和表 3-3 所示。我们可以发现，这 7 个方向的论文数量都呈现逐年增加趋

---

① 徐伟，张军，沈志超. 科学产出的文献计量学研究 [J]. 中华医学图书情报杂志，2003，12（2）：55-57.

② UZUN A. National patterns of research output and priorities in renewable energy [J]. Energy policy，2002（30）：131-136.

势,但势头有所不同。太阳能和核电的论文越来越多,其数量的增长速度比水动力和风能快。特别是在太阳能发电方面,它与石油保持着同样的发展,比煤和天然气的论文数多。图 3-2 中实线代表传统能源,虚线代表新能源。

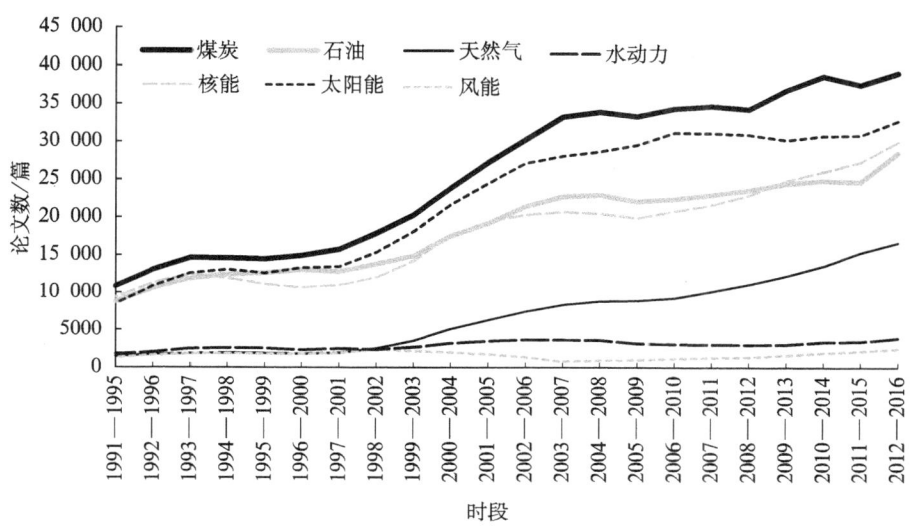

图 3-2 能源领域 7 个研究方向 5 年论文数

表 3-3 能源领域 7 个研究方向 5 年论文数(示例) 单位:篇

时段	煤炭	石油	天然气	水动力	核能	太阳能	风能
2012—2016 年	39 098	28 564	16 688	3868	29 993	32 778	2466
2011—2015 年	37 570	24 733	15 360	3436	27 376	30 893	2176
……							
1991—1995 年	10 821	8751	1447	1788	5363	8451	1293

(2) 发表论文增长速度

根据 EI 数据库统计,7 个研究方向发表 EI 论文数的年增长率如表 3-4 所示。

表3-4　能源领域7个研究方向论文年增长率（示例）　　单位：%

年份	煤炭	石油	天然气	水动力	核能	太阳能	风能
2016	30.2	95.6	3.7	76.6	21.8	4.7	-2.0
2015	-16.6	-1.0	11.8	-24.9	0.1	-4.3	1.5
……							
1992	54.1	30.2	60.3	23.6	96.4	158.4	97.1

（3）文献分布广泛性

根据EI数据库统计，7个研究方向2006年发表EI论文数最多的20个机构所发论文占总数的百分比如表3-5所示，通过图3-3绘制计算秩频分布关系，计算参数-α作为指标。因篇幅所限，仅以2006年数据为例。

表3-5　2006年能源领域7个研究方向论文数前20位
机构论文所占比例（示例）　　单位：%

排名	煤炭	石油	天然气	水动力	核能	太阳能	风能
1	22.8	23.7	26.3	30.4	29.7	23.4	26.6
2	4.7	5.7	10.7	11.1	10.6	8.0	9.7
……							
20	0.4	0.4	0.9	0.5	0.8	0.7	0.7

（4）国际合著论文比例

根据SCI数据库统计，7个研究方向的国际合著论文占SCI论文总数如表3-6所示。

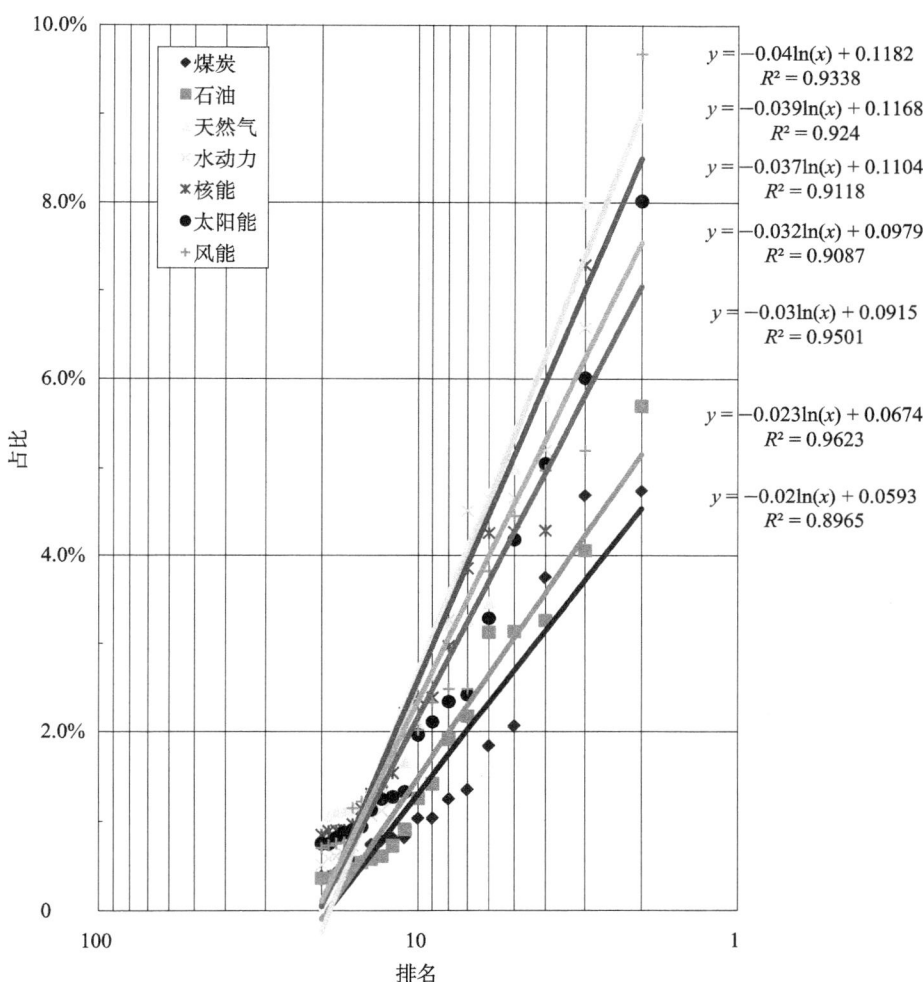

图 3-3　2006 年能源领域 7 个研究方向论文数前 20 名机构
论文所占比例与排名的关系对数图

表 3-6　能源领域 7 个研究方向国际合著论文
占 SCI 论文总数的比例（示例）　　　　　单位：%

年份	煤炭	石油	天然气	水动力	核能	太阳能	风能
2016	15.7	16.1	11.7	18.6	18.6	22.7	12.0
2015	16.6	16.2	11.4	17.7	18.5	24.4	11.3
……							
1995	10.9	9.9	8.1	6.8	12.3	14.2	5.0

(5) 篇均机构数

根据 SCI 数据库统计,7 个研究方向的 SCI 论文篇均机构数如表 3-7 所示。

表 3-7　能源领域 7 个研究方向论文篇均机构数(示例)

单位:家/篇

年份	煤炭	石油	天然气	水动力	核能	太阳能	风能
2016	1.25	1.24	1.28	1.19	1.26	1.37	1.20
2015	1.26	1.23	1.25	1.21	1.25	1.35	1.22
……							
1995	1.05	1.08	1.11	1.07	1.16	1.25	1.08

(6) 篇均论文被引用次数

根据 SCI 数据库统计,7 个研究方向的 SCI 论文篇均被引用次数如表 3-8 所示。引用数据统计检索时间为 2018 年 4 月。

表 3-8　能源领域 7 个研究方向论文篇均被引用次数(示例)

单位:次/篇

年份	煤炭	石油	天然气	水动力	核能	太阳能	风能
2016	1.8	1.6	1.8	1.5	2.3	2.0	1.3
2015	2.1	2.1	2.5	1.9	3.1	2.7	2.0
……							
1995	18.9	20.1	20.5	11.2	18.2	17.3	17.2

(7) 基金项目资助论文数

根据 SCI 数据库统计,7 个研究方向的 SCI 论文数中基金项目资助论文数如表 3-9 所示。

表3-9 能源领域7个研究方向基金项目资助论文数（示例） 单位：篇

年份	煤炭	石油	天然气	水动力	核能	太阳能	风能
2016	910	825	384	965	436	220	293
2015	659	1099	315	809	486	243	203
……							
1995	322	575	139	361	286	152	62

3.3.4 实证：以能源领域论文为样本

（1）计算矩阵

根据本研究所构建的数学模型，生成各年度运算数据矩阵，以2006年数据为例，构建的指标矩阵如表3-10所示。

表3-10 能源领域2006年指标矩阵

F 2006	煤炭	石油	天然气	水动力	核能	太阳能	风能
发表论文数/篇	30 834	20 989	6908	3658	20 043	26 533	1866
论文份额增长率/%	1.7	5.8	5.1	8.7	2.4	3.7	28.3
文献分布广泛性/%	0.020	0.023	0.039	0.040	0.037	0.030	0.032
国际合作论文占比/%	18.8	16.4	13.3	19.4	19.3	27.8	12.8
篇均机构数/(家/篇)	1.18	1.16	1.12	1.17	1.22	1.30	1.12
篇均被引用次数/(次/篇)	9.1	9.9	10.4	7.0	10.0	8.8	8.7
基金论文数/篇	705	666	248	892	474	248	180

（2）标准化处理

在指标矩阵基础上，经标准化处理后得到计算矩阵如表3-11所示。

表3-11　能源领域2006年标准化指标矩阵

A 2006	煤炭	石油	天然气	水动力	核能	太阳能	风能
发表论文数/篇	1.000 000	0.660 142	0.174 054	0.061 861	0.627 486	0.851 526	0.000 000
论文份额增长率/%	0.000 000	0.154 135	0.127 820	0.263 158	0.026 316	0.075 188	1.000 000
文献分布广泛性/%	0.000 000	0.150 000	0.950 000	1.000 000	0.850 000	0.500 000	0.600 000
国际合作论文占比/%	0.400 000	0.240 000	0.033 333	0.440 000	0.433 333	1.000 000	0.000 000
篇均机构数/（家/篇）	0.333 333	0.222 222	0.000 000	0.277 778	0.555 556	1.000 000	0.000 000
篇均被引用次数/（次/篇）	0.617 647	0.852 941	1.000 000	0.000 000	0.882 353	0.529 412	0.500 000
基金论文数/篇	0.737 360	0.682 584	0.095 506	1.000 000	0.412 921	0.095 506	0.000 000

（3）知识系统的信息熵计算

由计算矩阵计算得出各项概率 P_{ij} 矩阵如表3-12所示。

表3-12　能源领域2006年指标概率矩阵

P_{ij} 2006	煤炭	石油	天然气	水动力	核能	太阳能	风能
发表论文数/篇	0.2967	0.1958	0.0504	0.0178	0.1869	0.2522	0.0001
论文数量增长率/%	0.0001	0.0909	0.0788	0.1576	0.0182	0.0485	0.6061
文献分布广泛性/%	0.0001	0.0370	0.2346	0.2469	0.2099	0.1235	0.1481
国际合作论文占比/%	0.1575	0.0945	0.0118	0.1732	0.1693	0.3937	0.0001
篇均机构数/（家/篇）	0.1381	0.0921	0.0001	0.1172	0.2343	0.4184	0.0001
篇均被引用次数/（次/篇）	0.1416	0.1941	0.2283	0.0001	0.2009	0.1210	0.1142
基金论文数/篇	0.2442	0.2244	0.0330	0.3300	0.1353	0.0330	0.0001

其中为避免 0 数值取对数，将 0 值采用技术性处理，赋予最小数值 0.0001，对整体知识系统的信息熵值计算影响可忽略。根据本研究所构建的数学模型计算 2006 年各子系统的信息熵值和整体知识系统的信息熵值如表 3-13 所示。

表 3-13 2006 年能源领域知识系统中信息熵值

H_i 2006	熵值
发表论文数/篇	0.803 673
论文数量增长率/%	0.633 883
文献分布广泛性/%	0.861 928
国际合作论文占比/%	0.790 745
篇均机构数/（家/篇）	0.745 524
篇均被引用次数/（次/篇）	0.903 902
基金论文数/篇	0.792 508
H 2006	5.532 163

依此类推，计算得出该样本 1995—2016 年知识系统的信息熵值，如图 3-4 所示。

从数据对比分析看，太阳能发电将是有希望的"接班人"。根据 7 个研究方向论文的数量和增速、分布、合作情况、基金等多方面的比较，可以发现：太阳能发电领域产出更多的论文，并且增长轨迹上已经与传统上居于主流地位的石化能源论文增长轨迹非常接近。通过分析数据还可以发现在太阳能研究方向上，有更多的国家和地区在产出论文，这意味着更多的国家关注这一领域并已经开展了深入和广泛的研究。

世界能源发展的实际态势与分析结论一致：目前仍然以传统石化资源为最主要的能源，在合理高效清洁利用煤炭、石油、天然气资源方面仍有很多研究技术开创新的工作，如页岩气开发技术的研发和应用。在新能源

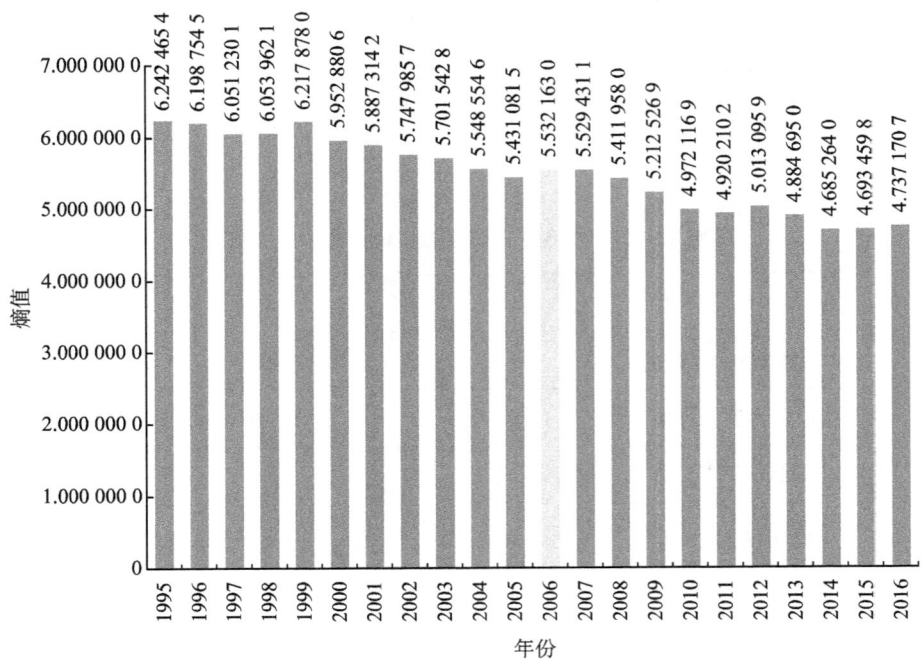

图 3-4　1995—2016 年能源领域知识系统的信息熵值

中，水力资源利用是比较成熟的领域，但是研发进展相对缓慢。风力发电面临技术和市场接纳的双重压力，研发活动也不是很活跃。核能利用方面的研发规模相对较小，且核安全问题始终是妨碍核能利用快速发展的重要因素。与之相比，太阳能利用领域的发展相对说来既快又稳。

3.4　本章小结

验证发现，能源学科系统中，随着在相对较长时期内，不断有研究成果和知识信息的注入，不同预设选项成为主流研究方向的概率在变化，也就意味着这个领域未来研究方向逐渐清晰，不确定性降低。在这个学科的知识系统中，通过对信息熵的计算，可以明显发现，随着时间推移，该系统的信息熵值呈现减少的趋势，可以认为该系统的不确定性在减少，即能源领域研究活动的主流方向逐渐明朗，符合本研究提出的假设推断。

由此可以认为，知识系统的不确定性可以分解为静态层面的不确定性和动态层面的不确定性。对于一个学科领域的发展来说，随着时间的推移，通过学术传播发挥知识积累和交流功能，人类对科学规律和发展方向的认知会逐步清晰。如果我们假设一个学科领域中某一个未知知识点存在 n 个预设可能选项，那么在早期，n 个预设选项的不确定性相对较显著，也就是人们的知识认知较混乱；在后期，n 个预设选项的不确定性相对减弱，也就是人们的知识认知逐渐清晰。这一过程，就是有效信息加入学科知识系统（引入负熵）的过程。

第4章

学术期刊对知识系统贡献的测度模型

4.1 研究假设和思路

4.1.1 研究假设

根据前文实证的观点，对于由科技期刊论文所构成的知识系统，随着期刊论文所承载的科研成果（信息）的引入，知识系统的不确定性呈现出逐步降低的态势。不妨认为，学术期刊为系统引入负熵，导致系统的信息熵降低。

本研究假设，学术期刊发表论文是向知识系统输入信息的过程。学术期刊所承载的科研成果内容若能够被广泛应用和大量传播，就说明了学术期刊所供给的信息内容具有更大价值。这些信息使得人类对客观世界的认知趋于明朗和一致、对未知知识领域的错误理解趋于减少和消除。体现在整个知识系统的状态上，是混乱性下降、有序性上升，即知识系统的熵减过程。该过程可以看作学术期刊对其所在知识系统做出的贡献（负熵）。

4.1.2 测度思路

本研究中，给定一个特定领域的期刊论文组成的知识系统，当被评价期刊是该系统的一部分时，将知识系统的信息熵数值作为背景量；将被评价期刊从此系统中假想地抽除，将此时该知识系统的信息熵数值作为虚拟量。通过对比虚拟量和背景量的差别，可以反映和测度被评价期刊所发挥的作用。

通过对比实际量（或背景量）与虚拟量的差别来反映被评价对象对系统的影响，这一研究思路在以往的科学计量学和其他领域的研究实践中也有所使用。例如，陈超美等对引文网络关键节点进行评估研究时，比较了被评估节点存在和被评估节点不存在的情况下，引文网络之间的机构差异，据此判断被评估节点在网络中发挥的作用，并确定被评估节点是否可以看作目标网络中的关键节点。[①] 在环境科学领域中，也有学者通过对比一个环境系统的本底值（未受到人类活动影响的自然环境指标数值）和基线值（人类活动干扰下的现有环境数值）的方法来评估一个环境系统的环境容量（指在确保人类生存、发展不受危害、自然生态平衡不受破坏的前提下，某一环境所能容纳污染物的最大负荷值）和人类活动对环境的影响程度。

（1）以高频关键词集合作为各种期刊所在学科领域的学科发展选项集合

前文已构建了由期刊论文构成的该领域知识系统的信息熵测度模型，用能源科学领域的论文作为样本进行了实证研究。为了反映能源科学领域中知识系统中知识不确定性变化的规律，采用了 7 个预设的主题选项（$n=7$，包括煤炭、石油、天然气、水动力、核能、太阳能、风能）作为样本进行实证检验。它们是未来成为能源领域主流发展方向的可能选项，用 m 个（$m=7$）指标来分别测算和表达每种预设方向的概率。该模型在应用于各个学科领域的期刊评价实践时，每一个学科领域可能包含的更多研究方向的数量是不同的，即 n 的数值因每个学科的规模和特点而不同。

本研究使用各个学科的高频关键词集合来定义各个学科发展的可能选项。

关键词：学术期刊的著录项目中通常要求列出关键词。关键词是作者用以表述论文所涉及的选题、解题、技术方法、研究对象、创新观点、应用价值等内容的若干词语。作者撰写摘要时，必须列出与科研内容和论题

---

① CHEN C M, HICKS D. Tracing knowledge diffusion [J]. Scientometrics, 2004, 59(2): 199-211.

密切对应的几个词语作为关键词，用于引导读者、图书馆员、信息资源组织建设者等在工作和应用中更准确高效地找到和获取文献资源。① 通常关键词会优先选用叙词，也就是从自然语言词汇中优先选出来语义相关、族性相关的科学术语。除了使用叙词，自由词也可当作关键词，但需要首先使用那些出自词表或广泛应用的参考书、工具书的词汇，选自由词的要求是：词形简练、概念明确、通用性强。② 论文的关键词可以体现选题方向、研究方法或主要发现。在大数据技术基础上，对关键词的研究能够实现对知识结构和领域发展的直观理解。通过分析关键词的数量关系之演化情况，还能发现和监测学科热点。③

高频关键词集合：在同一时间窗口内，将某学科全部期刊论文的关键词按词频从大到小排序，处于前1%的关键词。该集合所反映的研究主题就代表了特定时段该学科的研究热点。实践中，不宜用过长的时间范围统计高频词，以免研究热点转移造成统计误差。研究热点的转移速度与各个学科演进发展的节奏相对应，但是考虑可操作性，时间窗口也不宜过窄（如按季度、按月份获取数据）④。

（2）计算每个学科领域所对应知识信息的信息熵背景量 $H(X)$

本研究以各学科高频关键词（出现频次排名在前1%）作为相应学科的发展方向。按照本研究第3章中所构建的知识系统信息熵的测度模型，采用计算知识系统信息熵的7个指标：发表论文数量、论文份数量增长率、文献分布广泛性、国际合作论文比、篇均机构数、篇均被引用次数、基金论文数量，计算各个学科知识系统的信息熵 $H(X)$。$H(X)$ 是各个知识系统不确

---

① 王继成，邹涛，杨小江，等．基于 Internet 的信息资源发现技术与实现［J］．计算机研究与发展，1999，36（11）：1369-1374.
② 国家技术监督局．文献叙词标引规则［S］．北京：中国标准出版社，2010.
③ 潘玮，牟冬梅，李茵，等．关键词共现方法识别领域研究热点过程中的数据清洗方法［J］．图书情报工作，2017，61（7）：111.
④ 齐书宇，胡万山．2005—2014年国内科技管理研究重要文献高频关键词共现分析［J］．中国科技论坛，2016（3）：12.

定性状态的真实值,也是测度学术期刊对知识系统贡献负熵的背景值。

（3）对于特定的被评价期刊,计算在其对应的学科体系中,被评价期刊缺位情况下知识系统信息熵的虚拟量 $H(X)'$。

在期刊评价活动中,假设该期刊不在对应的学科中,即将被评价期刊从相应的期刊论文构成的真实知识系统中移除,其论文量、参考文献（引文）都不列入统计范围。在这个新的虚拟的知识系统中,重新计算7个指标：发表论文数量、论文数量增长率、文献分布广泛性、国际合作论文比、篇均机构数、篇均被引用次数、基金论文数量。

根据计算的指标,计算被评价期刊缺位情况下知识系统信息熵的虚拟量 $H(X)'$。

（4）对于特定的被评价期刊,通过对比该刊所属学科的知识系统信息熵的背景量 $H(X)$ 与被评价期刊缺位情况下的知识系统信息熵的虚拟量 $H(X)'$ 之间的数值变化,反映被评价期刊对知识系统信息熵降低的贡献

被评价期刊对知识系统信息熵降低的贡献,即被评价学术期刊对知识系统所贡献的负熵 $H(jour)$：

$$H(jour) = H(X) - H(X)'。 \quad (4-1)$$

基于信息熵的学术期刊评价思路如图4-1所示。

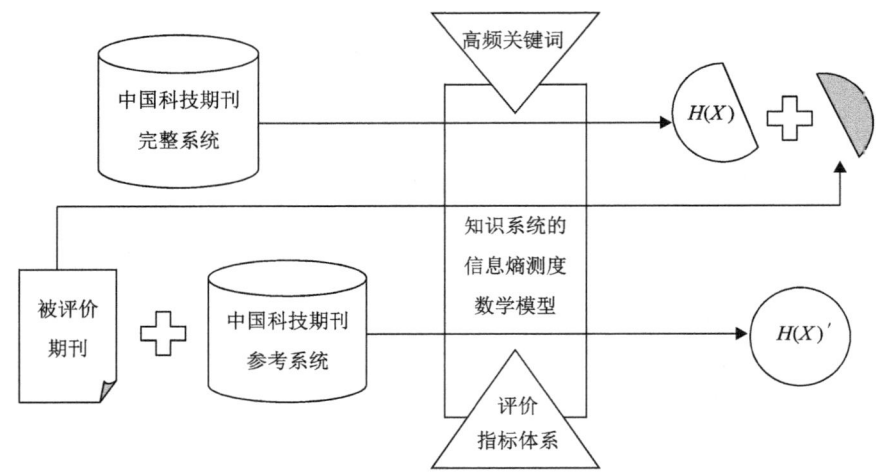

图4-1 基于信息熵的学术期刊评价思路

4.2 学术期刊对相应知识系统的贡献的测度

4.2.1 学科分类体系划分

参照《2018年版中国科技期刊引证报告（核心版）》、《国家标准学科分类与代码》（GB/T 13745—2009）、《中国图书资料分类法（第四版）》，设定112个学科类别。其中大部分学科领域是按照学科属性进行划分。由于报道综合性内容（发表多学科的研究论文）的期刊品种很多，其中大学学报数量尤其多，为此在分类中，将数量较大的综合性期刊再细分为几类。[①]

4.2.2 各学科高频关键词统计

布拉德福定律指出：大部分学术成果文献向少量重要期刊聚集。在各个学科中，少量核心区期刊就能集中刊载本学科主要科研成就。为了增加工作效率，同时也为了减少一般性期刊中大量低水平论文的干扰，本书采用2016年CSTPCD收录的论文统计高频词。

2016年CSTPCD收录2008种中国科技核心期刊，约占我国科技期刊总数的1/3。[②]

同时，核心期刊所报道的研究活动是各个学科的主流研究领域，覆盖的作者群体和研究选题也能比较集中反映各个学科的核心科研活动，因而避免了被统计中的噪声数据过度干扰。

[①] 潘云涛，马峥. 2018年版中国科技期刊引证报告（核心版）自然科学卷 [M]. 北京：科学技术文献出版社，2018.

[②] 潘云涛，马峥. 2017年版中国科技期刊引证报告（核心版）自然科学卷 [M]. 北京：科学技术文献出版社，2017.

4.2.3　计算各学科领域由期刊论文所构成的知识系统信息熵的背景量

（1）构造指标矩阵

按照本研究设计的计算模型，各个学科的潜在发展方向就是学科高频词集合所反映出的方向。以感染性疾病学、传染病学为例，学科内44个高频关键词就是44个潜在学科方向。因此用于计量该学科知识系统熵的方向选项数量为44（$n=44$）。

每个学科方向的数据子集的产生方式是：用关键词作为检索词在万方数据库中检索，检索策略为单词检索（各关键词之间是"或"的关系）。

信息熵的计算指标仍为发表论文数量、论文数量增长率、文献分布广泛性、国际合作论文比、篇均机构数、篇均被引用次数、基金论文数量等7个指标。分别利用从万方数据库中检索得到的子数据集合，对上述指标进行统计计算。

这样，每个学科可以构建形成$n \times m$的指标矩阵。其中，n是潜在学科方向数量，即高频关键词数量；m是7，即计算指标数量。参照3.2节方法和公式构建指标矩阵F。

根据本研究提出的假设推断，在这个学科系统中，随着知识信息的注入，不同预设选项成为主流研究方向的概率在变化。由于未来研究方向会逐渐清晰，不确定性降低，所以在这个学科知识系统中，知识系统的信息熵数值应该有所下降。

（2）标准化处理

参照3.2节方法和公式对指标矩阵F进行标准化转化，形成标准化矩阵A。

（3）知识系统信息熵的计算

参照3.2节方法和公式计算任一个学科中，各个单项指标的信息熵H_j和整个知识系统的信息熵H，即m个子系统信息熵之和。

每个学科的知识系统信息熵用H_k表示，其中，k是指112个学科类别中的第k个分类。计算结果如表4-1所示。

表 4-1 期刊学科分类

领域	学科/类别	2016年核心期刊数量/种	2016年高频关键词数量/个	2016年知识系统的信息熵 H_k
自然科学综合	自然科学综合	12	182	86.55
	自然科学综合大学学报	59	532	148.62
	自然科学师范大学学报	25	230	60.16
理学	数学	26	200	30.68
	信息科学与系统科学	10	130	33.39
	力学	18	188	9.27
	物理学	37	392	34.23
	化学	38	406	42.49
	天文学	5	29	15.41
	地球科学综合	14	110	27.71
	大气科学	18	101	16.00
	地球物理学	16	162	36.93
	地理学	24	210	24.27
	地质学	36	261	77.90
	海洋科学、水文学	26	173	51.02
	生物学基础学科	27	199	54.82
	生态学	7	164	29.44
	植物学	12	92	17.78
	昆虫学、动物学	13	83	28.11
	微生物学、病毒学	11	92	24.72
	心理学	7	76	19.75
农学	农业综合	35	557	156.32
	农业大学学报	33	305	79.41
	农艺学	21	152	46.95
	园艺学	11	92	10.49

续表

领域	学科/类别	2016年核心期刊数量/种	2016年高频关键词数量/个	2016年知识系统的信息熵 H_k
农学	土壤学	8	70	22.69
	植物保护学	11	82	18.68
	林学	23	225	20.42
	畜牧、兽医科学	16	200	21.61
	草原学	5	60	13.67
	水产学	12	182	31.67
医学	医学综合	42	668	111.49
	医药大学学报	56	541	164.93
	基础医学	30	230	57.48
	临床医学综合	35	452	108.06
	临床诊断学	14	162	40.05
	保健医学	13	106	33.14
	内科学综合	5	37	18.43
	心血管病学	21	152	20.17
	呼吸病学、结核病学	6	63	18.87
	消化病学	16	100	30.50
	血液病学、肾脏病学	11	86	20.35
	内分泌病学与代谢病学、风湿病学	8	53	13.46
	感染性疾病学、传染病学	8	44	15.00
	外科学综合	20	148	54.97
	普通外科学、胸外科学、心血管外科学	24	134	44.43
	泌尿外科学	7	47	11.05
	骨外科学	16	82	19.97
	烧伤外科学、整形外科学	9	72	25.32
	妇产科学	9	69	15.68

续表

领域	学科/类别	2016年核心期刊数量/种	2016年高频关键词数量/个	2016年知识系统的信息熵 H_k
医学	儿科学	16	118	18.44
	眼科学	10	95	16.49
	耳鼻咽喉科学	11	79	22.72
	口腔医学	20	125	36.97
	皮肤病学	8	64	13.42
	性医学	4	51	9.06
	神经病学、精神病学	31	171	28.64
	核医学、医学影像学	21	176	34.53
	肿瘤学	29	200	44.64
	护理学	10	205	34.03
	预防医学与公共卫生学综合	18	194	28.83
	流行病学、环境医学	24	235	68.93
	优生学、计划生育学	8	114	18.36
	卫生管理学、健康教育学	26	57	32.73
	军事医学与特种医学	7	306	7.81
	药学	47	537	116.44
	中医学	24	490	57.71
	中医药大学学报	13	184	30.35
	中西医结合医学	12	159	26.70
	中药学	24	527	80.75
	针灸、中医骨伤	5	57	5.39
工程技术	工程与技术科学基础学科	20	353	21.70
	工程技术大学学报	99	959	229.03
	信息与系统科学相关工程与技术	19	361	67.62
	生物工程	8	84	23.52
	农业工程	21	324	74.10

续表

领域	学科/类别	2016年核心期刊数量/种	2016年高频关键词数量/个	2016年知识系统的信息熵 H_k
工程技术	生物医学工程学	12	132	16.43
	测绘科学技术	15	175	20.86
	材料科学综合	26	282	73.76
	金属材料	23	213	19.75
	矿山工程技术	22	290	67.14
	冶金工程技术	12	113	31.13
	机械工程设计	24	444	38.21
	机械制造工艺与设备	26	380	48.60
	动力工程	14	131	17.23
	电气工程	32	514	112.97
	能源科学综合	14	249	44.09
	石油天然气工程	38	330	104.23
	核科学技术	8	75	24.08
	电子技术	27	518	33.54
	光电子学与激光技术	17	221	30.43
	通信技术	17	171	37.08
	计算机科学技术	30	706	32.60
	化学工程综合	34	399	66.99
	高聚物工程	12	107	35.57
	精细化学工程	11	119	19.67
	应用化学工程	13	94	18.14
	仪器仪表技术	13	249	29.41
	兵器科学与技术	20	223	50.74
	纺织科学技术	8	95	24.88
	食品科学技术	25	401	63.39
	建筑科学与技术	29	373	33.56

续表

领域	学科/类别	2016年核心期刊数量/种	2016年高频关键词数量/个	2016年知识系统的信息熵 H_k
工程技术	土木工程	10	129	16.43
	水利工程	23	285	77.99
	交通运输工程	9	90	13.34
	公路运输	11	135	16.08
	铁路运输	9	129	20.81
	水路运输	14	157	26.85
	航空、航天科学技术	36	357	91.56
	环境科学技术及资源科学技术	35	434	61.06
	安全科学技术	9	150	25.20
管理	管理学	28	298	67.45

* 根据 CSTPCD 2016 统计。

4.2.4 计算被评价期刊缺位状态下对应知识系统信息熵的虚拟量

被评价期刊缺位状态下对应知识系统信息熵的虚拟量是指：在学科 k 中，假设不存在 j 期刊提供的论文和引文数据，学科 k 的知识系统信息熵的计算结果。

（1）构造指标矩阵

参照3.2节方法和公式计算知识系统信息熵的测度模型 F'。

（2）标准化处理

参照3.2节方法和公式计算形成标准化矩阵 A'。

（3）计算被评价期刊缺位时对应知识系统信息熵的虚拟量

参照3.2节方法和公式计算整个知识系统的信息熵 H'。

与计算知识系统信息熵的背景量时一样，该指标可以看作孤立系统的信息量，反映不确定性。但是在计算上述指标的时候，已经从万方数据库数据集合中将被评价期刊的论文和引文都排除，再重新获取每个学科方向的数据子集。

知识系统信息熵的背景量 $H(X)$ 与被评价期刊缺位情况下知识系统信息熵的虚拟量 $H(X)'$ 之间的 ΔH，即学术期刊为系统所提供的负熵，测度了该期刊的学术贡献：

$$\Delta H_{kj} = H_k(j)' - H_k 。 \qquad (4-2)$$

其中，k 代表 112 个学科中的第 k 个，j 代表全部期刊中的第 j 种。

4.3 测度学术期刊贡献的实证

4.3.1 实证测算

（1）数据来源

本研究采用万方数据数字出品的《万方数据资源系统期刊数据库》（2012—2016 年）所收录的全部期刊论文和引文数据作为主要统计数据来源。

尽管前文知识系统信息熵的研究验证使用的数据来源分别是 EI 和 SCI，但是，一方面考虑到我国开展学术期刊评价的需求，被评价期刊大都是中文期刊，因此用国内中文文献为主的数据库更能保证评价结果的可靠性；另一方面，被评价期刊绝大部分未被 EI 和 SCI 数据库收录，若为此专门进行数据处理，则工作量极大，且未在统一标准规范下清洗的多源数据来源对计算结果也会产生比较明显的干扰。因此，决定采用以中文文献为主的万方数据库作为数据来源。

该数据库系统覆盖了我国出版的绝大多数学术期刊，其中包括 2014 年国家新闻出版广电总局认定的 3713 种科技类学术期刊。

原国家新闻出版广电总局采用各主管单位初审上报、总局审定的方式，认定了第一批学术期刊名单。根据文件要求，被认定的期刊符合以下几个条件：

经国家新闻出版广电行政部门批准，持有国内统一连续出版物号（CN），领取期刊出版许可证，符合《出版管理条例》《期刊出版管理规定》等要求。

主办单位具有学术出版资质和专业背景，出版单位具备必需的办刊条件。

办刊宗旨和业务范围以开展学术研究、发布学术创新成果、交流学术经验等为主。

拥有相应学科领域一定数量的专职编辑人员，主编和编辑人员取得国家规定的岗位培训合格证书。

组建有编委会并定期进行换届改选，编委会能有效指导编辑出版工作。

执行严格规范的组稿、编辑、审稿及同行评议制度，保持一定的稿件退稿率。

刊发文章具有严谨的编排格式规范，内容质量符合国家相关标准要求。

刊发文章以学术论文、文献（原创论文、述评、综述文章等）为主。

本研究用于实证的样本采用其中归属于科技类的3713种学术期刊。

（2）2016年各学科高频词统计

2016年CSTPCD收录了56.49万篇论文，使用了关键词149.40万个、414.83万次。平均每篇论文使用7.3个关键词，中文词和英文词计为2个不同关键词。

计算各个学科使用频次列在前1%的高频关键词。以感染性疾病学、传染病学为例，2016年CSTPCD共收录了8种期刊，发表了1093篇论文，共使用4349个关键词，使用7876次。将这4349个关键词按出现频次排序，排在前 1% 的关键词 44 个（4349 个的 1%）组成了该学科的高频关键词集合。

各学科高频词数量如表 4-1 所示。

（3）2016 年各知识系统信息熵的测度

根据 4.2.3 节所述方法，计算各学科领域由期刊论文所构成的知识系统信息熵的背景量。经过构造指标矩阵、标准化处理，112 个学科的每一学科都可以看作孤立知识系统。完成各个学科知识系统信息熵的计算，结果如表 4-1 所示。

从图 4-2 所示的 112 个学科的核心期刊数量和知识系统信息熵的分布情况可以看出，学科内期刊数量的多少与该知识系统信息熵数值的相关性不是非常明显。计算二者之间的线性相关系数可以得到 R^2 为 0.7312，也可以看出其不具备显著相关性。

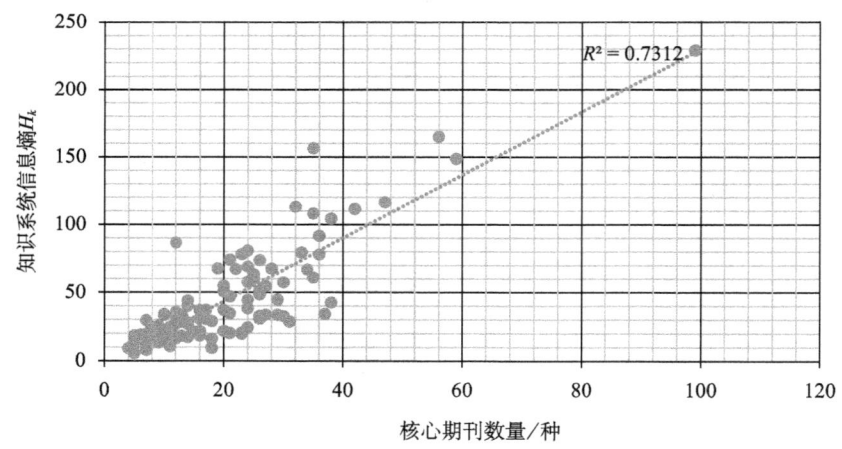

图 4-2 112 个学科的核心期刊数量和知识系统信息熵的分布情况

（4）2016 年被评价期刊对知识系统的贡献

以天文学为例，该学科 6 种被评价期刊对知识系统的贡献的计算结果如表 4-2 所示。

表4-2 2016年天文学学科（k）期刊对知识系统信息熵的影响

期刊代号 j	被评价期刊缺位时知识系统信息熵的虚拟量 $H_k(j)'$	被评价期刊在位时知识系统信息熵的背景量 H_k	期刊对知识系统的贡献 ΔH_{kj}
期刊1	16.09	15.41	0.68
期刊2	15.97		0.56
期刊3	15.36		-0.05
期刊4	15.48		0.07
期刊5	15.65		0.24
期刊6	15.50		0.09

（5）2016—2019年各知识系统信息熵的变化

采用与本节第（4）部分相同的算法，并且采用2016年遴选得到的高频关键词列表，在其后的2017—2018年数据库中进行知识系统信息熵数值的运算，可以得到各学科知识系统信息熵数值变化的量，如表4-3所示。

表4-3 2016—2019年各学科知识系统信息熵变化

学科/类别	2016年知识系统的信息熵 H_k	2017年知识系统的信息熵 H_k	2018年知识系统的信息熵 H_k	2019年知识系统的信息熵 H_k
自然科学综合	86.55	82.07	81.32	83.69
自然科学综合大学学报	148.62	148.24	142.93	147.21
自然科学师范大学学报	60.16	61.77	63.35	61.74
数学	30.68	31.36	30.31	28.96
信息科学与系统科学	33.39	31.48	30.16	29.63
力学	9.27	9.19	8.95	8.89
物理学	34.23	32.13	30.86	29.85
化学	42.49	42.96	41.07	40.74
天文学	15.41	14.40	13.81	13.16

续表

学科/类别	2016年知识系统的信息熵 H_k	2017年知识系统的信息熵 H_k	2018年知识系统的信息熵 H_k	2019年知识系统的信息熵 H_k
地球科学综合	27.71	28.29	27.30	27.52
大气科学	16.00	15.58	14.77	14.23
地球物理学	36.93	36.51	34.26	35.12
地理学	24.27	23.85	23.76	22.89
地质学	77.90	73.06	72.08	72.43
海洋科学、水文学	51.02	52.18	50.92	47.71
生物学基础学科	54.82	53.94	51.14	49.76
生态学	29.44	29.04	28.89	27.81
植物学	17.78	17.99	17.79	16.89
昆虫学、动物学	28.11	27.16	26.11	25.06
微生物学、病毒学	24.72	24.61	24.84	23.82
心理学	19.75	19.36	19.83	18.78
农业综合	156.32	154.65	150.90	146.34
农业大学学报	79.41	78.79	80.56	76.20
农艺学	46.95	45.13	44.40	44.95
园艺学	10.49	9.96	10.16	9.80
土壤学	22.69	22.67	23.05	23.15
植物保护学	18.68	19.14	18.37	17.56
林学	20.42	21.01	19.76	20.27
畜牧、兽医科学	21.61	20.92	21.08	19.69
草原学	13.67	13.02	12.78	12.64
水产学	31.67	32.43	32.07	32.08
医学综合	111.49	109.92	111.71	108.25
医药大学学报	164.93	166.04	155.62	159.79
基础医学	57.48	54.26	51.45	51.65

续表

学科/类别	2016年知识系统的信息熵 H_k	2017年知识系统的信息熵 H_k	2018年知识系统的信息熵 H_k	2019年知识系统的信息熵 H_k
临床医学综合	108.06	108.10	104.23	97.47
临床诊断学	40.05	41.12	41.65	40.24
保健医学	33.14	31.93	29.92	29.98
内科学综合	18.43	17.42	16.59	17.06
心血管病学	20.17	19.44	19.11	17.79
呼吸病学、结核病学	18.87	17.71	18.21	17.44
消化病学	30.5	30.84	29.96	29.31
血液病学、肾脏病学	20.35	20.95	19.94	18.69
内分泌病学与代谢病学、风湿病学	13.46	13.29	13.56	13.21
感染性疾病学、传染病学	15.00	14.92	14.96	14.18
外科学综合	54.97	51.18	51.90	49.61
普通外科学、胸外科学、心血管外科学	44.43	43.79	41.00	39.23
泌尿外科学	11.05	10.79	10.77	10.19
骨外科学	19.97	20.11	19.51	19.03
烧伤外科学、整形外科学	25.32	26.00	26.72	25.03
妇产科学	15.68	15.65	15.09	14.34
儿科学	18.44	17.62	17.51	17.66
眼科学	16.49	15.73	16.16	15.99
耳鼻咽喉科学	22.72	21.15	21.67	21.79
口腔医学	36.97	37.82	38.30	36.21
皮肤病学	13.42	13.67	13.37	12.80
性医学	9.06	8.73	8.35	7.83
神经病学、精神病学	28.64	29.37	29.25	29.98

续表

学科/类别	2016年知识系统的信息熵 H_k	2017年知识系统的信息熵 H_k	2018年知识系统的信息熵 H_k	2019年知识系统的信息熵 H_k
核医学、医学影像学	34.53	32.93	31.14	29.86
肿瘤学	44.64	42.31	41.66	41.98
护理学	34.03	34.89	32.46	33.01
预防医学与公共卫生学综合	28.83	28.19	27.17	25.71
流行病学、环境医学	68.93	64.31	60.29	57.08
优生学、计划生育学	18.36	18.38	17.29	16.47
卫生管理学、健康教育学	32.73	31.59	29.91	30.27
军事医学与特种医学	7.81	7.38	7.34	6.98
药学	116.44	114.70	117.53	119.07
中医学	57.71	59.32	60.13	58.69
中医药大学学报	30.35	30.55	29.53	29.75
中西医结合医学	26.7	26.54	26.71	26.97
中药学	80.75	79.77	74.25	73.40
针灸、中医骨伤	5.39	5.38	5.39	5.28
工程与技术科学基础学科	21.7	20.94	21.39	21.30
工程技术大学学报	229.03	227.63	224.11	228.55
信息与系统科学相关工程与技术	67.62	63.93	64.64	62.58
生物工程	23.52	22.77	21.85	20.55
农业工程	74.1	74.29	76.17	74.58
生物医学工程学	16.43	15.42	15.01	14.37
测绘科学技术	20.86	19.64	18.45	17.39
材料科学综合	73.76	73.90	71.69	72.85
金属材料	19.75	19.13	19.01	19.52
矿山工程技术	67.14	64.34	65.51	66.26

续表

学科/类别	2016 年知识系统的信息熵 H_k	2017 年知识系统的信息熵 H_k	2018 年知识系统的信息熵 H_k	2019 年知识系统的信息熵 H_k
冶金工程技术	31.13	30.07	28.33	26.81
机械工程设计	38.21	37.92	36.40	36.39
机械制造工艺与设备	48.6	47.41	45.37	46.35
动力工程	17.23	16.57	15.73	15.93
电气工程	112.97	108.87	103.52	104.77
能源科学综合	44.09	42.07	39.81	39.54
石油天然气工程	104.23	107.04	109.40	111.46
核科学技术	24.08	22.70	21.80	21.07
电子技术	33.54	32.05	32.17	31.82
光电子学与激光技术	30.43	30.33	29.81	28.35
通信技术	37.08	36.15	36.37	35.53
计算机科学技术	32.60	33.51	32.99	33.72
化学工程综合	66.99	67.54	67.23	63.10
高聚物工程	35.57	34.98	34.41	32.15
精细化学工程	19.67	19.00	17.74	18.04
应用化学工程	18.14	17.98	18.39	17.62
仪器仪表技术	29.41	27.86	27.72	26.32
兵器科学与技术	50.74	50.20	49.36	46.45
纺织科学技术	24.88	24.26	24.22	23.10
食品科学技术	63.39	63.76	63.32	59.71
建筑科学与技术	33.56	32.40	32.62	31.93
土木工程	16.43	15.74	15.25	14.74
水利工程	77.99	77.05	75.41	71.06
交通运输工程	13.34	12.67	12.68	12.52
公路运输	16.08	15.19	15.06	15.47

续表

学科/类别	2016 年知识系统的信息熵 H_k	2017 年知识系统的信息熵 H_k	2018 年知识系统的信息熵 H_k	2019 年知识系统的信息熵 H_k
铁路运输	20.81	19.75	18.59	18.97
水路运输	26.85	26.87	26.75	25.09
航空、航天科学技术	91.56	92.32	91.97	88.19
环境科学技术及资源科学技术	61.06	62.67	59.62	57.45
安全科学技术	25.2	24.50	24.02	22.52
管理学	67.45	64.83	62.42	63.77

* 根据 CSTPCD 2016—2019 统计。

从表 4-3 中所示 2016—2019 年各个学科知识系统信息熵的变化情况看，大部分学科的信息熵数值呈现明显减少趋势。比较 2016 年和 2019 年的数值，可以发现在全部 112 个学科类别中，4 年之间信息熵变化方向为增加的只有 1 个，所占比例约为 8.9%；其余超过 90% 的学科都是向信息熵减少的方向变化（图 4-3）。由于各个学科之间知识系统信息熵的数值比较无明显意义，因此尽管图示分布状态有类似正态分布形式，但本研究数据并不

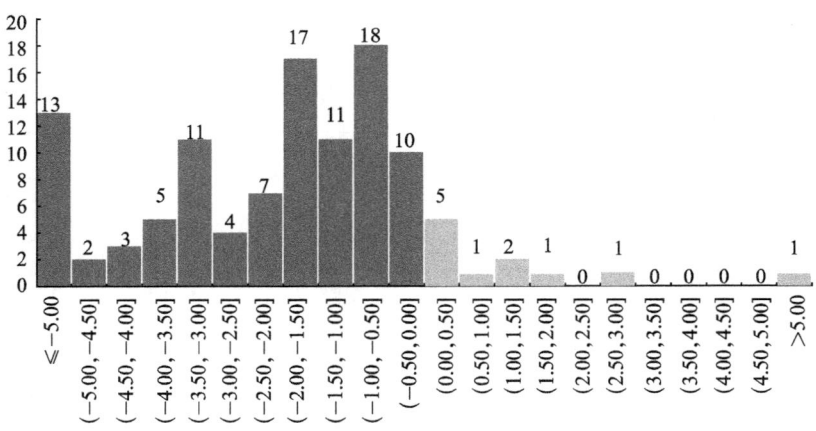

图 4-3 2016—2019 年 112 个学科的知识系统信息熵的分布情况

支持知识系统信息熵符合随机分布。

4.3.2 结果讨论

本研究采用全样本实证，被评价的期刊是原国家新闻出版广电总局首批认定的 5737 种学术期刊。通过对样本期刊对知识系统信息熵的贡献进行统计分析，可以发现以下几点规律。

①通过计算知识系统信息熵的背景量和被评价期刊缺位时知识系统信息熵的虚拟量的差值 ΔH，可知被评价期刊对知识系统信息熵变化的贡献。但是由于本研究中，以每个学科高频词为检索词得到的论文集合构成的知识系统是相互独立的系统，所以不同系统的 H 状态值之间不具备直接可比性，状态值变化量 ΔH 之间也不具备直接可比性，不过每一个系统 ΔH 的方向是可以比较的，它反映期刊对系统做出的是正贡献还是负贡献。从统计数据看，绝大部分样本的 ΔH 为正值，在 3713 种期刊中有 3578 种期刊（96.7%）的 ΔH 为正值。这表明绝大部分学术期刊对降低其所属知识系统的混乱程度是有所贡献的，也就是说，期刊学术出版活动发挥了其必要功能。按照信息熵理论，一个孤立系统中引入的信息量应是非负的，即最极端现象是期刊为系统贡献的信息量为零，期刊为系统的贡献不应出现负值。但是在本研究中，部分期刊对所属知识系统的贡献 ΔH 为负值，这也许说明，这部分期刊发表了一些对学科发展和凝聚共识有负面作用的文章，增加了系统的混乱程度。

②几乎所有的学科中，都可以发现少数期刊对系统的贡献程度 ΔH 要显著高于其他期刊，而绝大多数期刊的 ΔH 数值处于非常接近 0 的水平。也就是说在学科内，众多期刊对知识系统信息熵的贡献数值分布呈现贡献较大的期刊数量较少、分布曲线长尾明显的分布规律。这表明在学科当中，只有很少一部分期刊能够充分发挥学术期刊的核心功能，为减少科学认识中的不确定因素做出相对显著的贡献；同时，较多期刊对减少本学科认识不确定性的作用十分有限。这一规律与布拉德福定律非常吻合，布拉福德定律发现各个学科都存在少数核心区期刊。研究发现，能为本学科知识系统

做出较大贡献的期刊也是数量较少的,他们是另一种含义上的"核心期刊"。但是本研究尚不能定量描述高贡献期刊与低贡献期刊之间的数量关系。

③就学科间的差异来看,期刊数量规模和所对应知识系统的信息熵变化没有明显的相关性。也就是说,一个学科的期刊品种数量与该学科的个体期刊对知识系统信息熵变化贡献的大小没有直接关系。一种期刊对学科发展的贡献,主要取决于自身建设水平、发掘组织优质稿源的能力和精准高效的传播能力,与竞争对手期刊的数量多寡关系不大。

④大部分样本期刊 ΔH 为正值,但还有 41 种(1.1%)ΔH 为负数的期刊和 94 种(2.5%)ΔH 为 0 的期刊。当 ΔH 为 0 或接近 0 的时候,可以看作这一部分期刊对学科发展的贡献极小。由于本研究计算方法基于关键词统计,因此一些关注内容与学科主题关系较远的期刊,关键词与学科高频词无叠加,因此造成贡献值为 0。当 ΔH 为负数的时候还有可能是期刊的学科分类属性不够明确,如果将该刊分到 A 类,也许 ΔH 为正;若分到 B 类,ΔH 就是负数。另一种可能是,期刊刊载内容过于广泛,分布在多个学科当中。这样,它对任一学科的贡献都不会大。从统计数据看,综合性较显著的学科分类中,期刊的 ΔH 都比较低。

⑤从 2016—2019 年各个学科知识系统信息熵的变化情况看,在采用与 2016 年相同的一组高频关键词的情况下,在时序系列的概念上是前后可比的。也就是说,都采用 2016 年出现的高频关键词集合作为变量,测算同一知识领域的系统信息熵变化。从图 4-3 的数值关系可以看到,大部分学科的信息熵数值呈现明显减少趋势。特别是对比 2016 年和 2019 年的各个知识领域的信息熵,可以发现在全部 112 个学科类别中,4 年之间信息熵变化方向为增加的只有 11 个,所占比例为 9.8%;其余 90% 以上的学科都是向信息熵减少的方向变化。这意味着绝大多数学科的知识不确定性在逐步减小,也就是固定范围学科发展主题方向逐渐聚焦和清晰,符合对一般学科发展规律的认知。这一变化过程中,各种期刊所发挥的作用有所差别,也就是各种期刊贡献大小有所差别。

4.4 本章小结

科学领域的学术活动发展过程中,学术成果的传播可以增加人类的知识积累,科研人员在扩充知识储备的同时,进一步明晰知识点之间的逻辑、结构,从而实现对客观世界更明确的认知。这一过程是信息熵减少的过程,是认知中的不确定性、复杂性减少的过程,也是人类知识系统性、全面性、逻辑性发展的过程。

在这个过程中,学术期刊发挥着重要的作用。对大部分学科领域,特别是基础研究领域,绝大多数的研究成果和认识是通过学术期刊来评价、加工、记载、传播和实现交流的。对学术期刊的评价首先应该是对学术期刊应具备的核心功能的评价,也就是说,是对学术期刊在学科发展中的价值的评价。

在本研究中,从信息熵的视角进行学术期刊的评价,就是看学术期刊是否通过自身组稿、审稿、编稿、发稿、传播等环节的高效率工作,甄选和供给有学术意义的研究成果,能否对学科的发展提供支撑,逐渐凝聚科学问题。换句话说,就是看一种期刊能否通过学术传播工作,减少一点学科体系的信息熵。

本研究假设被评价期刊不在系统内,观察系统变化的思路可以归为"反事实分析"方法,即提出反事实的假定,设定与事实相反的条件,然后再去确定因果关系。

通过建立数学模型的方式,实现对学科系统信息熵的测定,这是一个宏观层面的研究探索。如果将这一方法体系应用到中观层面,就是对学术期刊出版能力和学科贡献的评价。如果将这一方法体系应用到微观层面,就是对单篇学术论文的评价。通过测度相关指标,发现哪些单篇论文对科学进步产生了重要影响。这些成果显著地提高了人类认识自然的水平,显著地降低了学科系统的信息熵。

对于期刊评价来说,识别、发现这样的关键性成果既是对期刊优秀稿件组稿能力的认定,也为期刊扩展组稿工作渠道提供了有效工具。① 在信息熵视角下,将学术期刊的评价管理建设工作与单篇论文的评价、优秀作者和团队的识别工作结合起来,有助于扭转当前较为严重的"以刊评文"的不当评价导向,也可以在一定程度上对当前广泛存在的"滥用影响因子"的情况进行纠偏。②

---

① 林德明,姜磊. 科技论文评价体系研究[J]. 科学学与科学技术管理,2012,33(10):11-17.

② 何荣利,许强. 我国科技期刊影响因子分布情况的调查与分析[J]. 中国科技期刊研究,2006,17(2):224-227.

第5章

基于信息熵的学术期刊指标评价体系和实证

前文构建了学术期刊论文所构成的知识系统信息熵的测度模型，并通过对比被评价期刊所属学科的知识系统信息熵的背景量 $H(X)$ 与被评价期刊缺位情况下知识系统信息熵的虚拟量 $H(X)'$，来定量反映被评价期刊对知识系统的信息熵降低的贡献。为了进一步分析期刊所贡献的熵值变化的具体机制，并和期刊发展实际工作相关联，分析被评价期刊的优势和不足，需要将知识系统信息熵的测度模型与学术期刊评价指标对接，形成基于信息熵的学术期刊评价指标体系。

现有的学术期刊评价实践活动，大都是从出版规范性、办刊基础、人才队伍、稿源结构、学术影响、检索系统评价结果等方面设计和构建指标体系与选择指标。[①] 与此相比有所创新的是，本研究所构建的指标体系的创新点在于，指标体系的构建思路是从信息熵评价角度出发，选择描述不确定性相关指标。不确定性又分解为静态层面的分布状态不确定性和动态层面的关系状态不确定性。在指标的选取过程中，采用了部分已经广泛使用的传统指标，也有新研制创建的指标。

---

① 俞立平，潘云涛，武夷山. 基于结果一致度的学术期刊组合评价研究 [J]. 中国科技期刊研究，2011，22（1）：59-64.

5.1 构建指标体系

5.1.1 准则层构建

前文是以 7 个指标（发表论文数量、论文数量增长率、文献分布广泛性、国际合作论文比、篇均机构数、篇均被引用次数、基金论文数量）作为论文分系统变量，来测度一个知识系统的不确定性。基于这 7 个分系统变量所反映的不确定性，本研究采用层次分析法搭建期刊的评价指标体系，并构建基于信息熵的学术期刊评价体系准则层，描述和分析被评价期刊所属知识系统信息熵变化的贡献。

根据计算知识系统信息熵的 7 个分系统，所构建的对应准则层如表 5-1 所示。据此构成了期刊评价指标体系的 7 个准则层指标（一级指标）。各项一级指标的定义如前文 3.1.3 所述。

表 5-1　基于信息熵的学术期刊指标评价体系的准则层设计

	层面	准则层（一级指标）
基于期刊论文构建的知识系统的不确定性	分布状态不确定性（静态层面）	A1 规模度
		A2 广泛性
		A3 可持续性
	关系状态不确定性（动态层面）	B1 合作性
		B2 开放度
		B3 影响力
		B4 竞争力

5.1.2 指标（二级指标）选择和研制

根据准则层的设计和定义，在每个准则层下分解设计二级指标，指标体系如表 5-2 所示。选择指标时，既考虑了指标的含义和指标之间的逻辑关系，又考虑了指标的可获得性和运算可操作性。在全部 20 个指标之中，包括已经在广泛应用的常规性成熟指标，如影响因子、总被引频次、论文数量、机构分布数、作者分布数、基金论文比等指标，也包括新研制的创新指标，如红点指标、竞争压力等。

表5-2 期刊评价指标体系二级指标

	准则层（一级指标）	指标层（二级指标）
分布状态不确定性（静态层面）	A1 规模度	A11 论文数量
		A12 AR 论文比
		A13 红点指标
	A2 广泛性	A21 他引率
		A22 开放因子
		A23 扩散因子
	A3 可持续性	A31 一般基金论文比
		A32 国家和省部级以上基金论文比
关系状态不确定性（动态层面）	B1 合作性	B11 省内合著论文比
		B12 省际合著论文比
		B13 海外合著论文数
	B2 开放度	B21 机构分布数
		B22 作者分布数
		B23 地区分布数
	B3 影响力	B31 总被引频次
		B32 影响因子
		B33 学科影响指标
	B4 竞争力	B41 发文份额
		B42 文献选出率
		B43 竞争压力

①A11 论文数量：指被评价期刊在评价年度发表论文的篇数。论文的定义范围是：论著、综述和评论、一般论文或研究快报、工业工程设计。

②A12 AR 论文比：指被评价期刊在评价年度发表的全部论文中，符合

"论著"（Article）和"综述和评论"（Review）这两种文献类型的论文数量，用于表征期刊的学术色彩。一般说，这两种文献类型的创新性和学术价值更高。从引文分析上可以看出，这两类论文的影响力水平、被引用强度、范围和持续时间，相对于其他类型的文献都是最突出的。

③A13 红点指标：期刊发表的论文中，与本学科热点关键词重合的论文所占比例。

④A21 他引率：期刊总被引频次中，其他期刊引用次数之和所占比例。

⑤A22 开放因子：期刊半数被引频次之施引期刊分布的最小数量。

⑥A23 扩散因子：期刊总被引频次中，平均每100次之施引期刊数。

⑦A31 一般基金论文比：期刊发表的论文中，基金项目资助产出论文所占比例。

⑧A32 国家和省部级以上基金论文比：期刊发表的论文中，国家、省部级以上基金项目资助产出论文所占比例。

⑨B11 省内合著论文比：期刊发表的论文中，同省（区、市）内不同机构合著发表论文所占比例。

⑩B12 省际合著论文比：期刊发表的论文中，不同省（区、市）之间合著发表论文所占比例。

⑪B13 海外合著论文数：期刊发表的论文中，由海外作者参与合著发表论文所占比例。

⑫B21 机构分布数：指来源期刊论文的作者所涉及的机构数。这是衡量期刊科学生产能力的另一个指标。

⑬B22 作者分布数：期刊平均每一篇论文的作者数量。

⑭B23 地区分布数：期刊论文作者所涉及的我国大陆省级行政区（省、直辖市、自治区）数量。

⑮B31 总被引频次：期刊已发表论文被引用的次数。

⑯B32 影响因子：期刊前2年发表论文的篇均被引用次数。

⑰B33 学科影响指标：同学科中，引用被评价期刊的期刊所占比例。

⑱B41 发文份额：指期刊发表的论文在期刊所属学科类别的论文总量中

所占的比例，体现期刊传播学术内容的发表容量大小。

⑲B42 文献选出率：期刊发表的全部文献中，论文所占比例。

⑳B43 竞争压力：把每一个学科类别视作一个期刊生态系统，引入生态学领域竞争强度的测度方法，基于引文数据进行测算。计算过程中，以期刊的总被引频次作为衡量期刊绝对影响力的指标，计算本学科期刊互引矩阵、期刊相似性矩阵，并进一步计算期刊竞争关系矩阵。以此为基础，叠加计算得到期刊在本学科所面临的竞争压力。

5.1.3 原创指标之一：红点指标的研制①

为了促进学术期刊加强稿源组织建设，引导期刊出版单位关注学科发展热点，基于关键词统计，设计了学术期刊"红点指标"，用于测度期刊论文与其所在学科研究热点的重合度。红点指标的意义在于从内容层面对期刊的质量和影响潜力进行预先评估，这有别于通常采用的引文分析方法等后评估方法，为推进期刊建设工作和期刊评价工作开创了一个新的思路和新的角度。红点指标可应用于学术期刊调整定位方向、跟踪学科热点、优化稿源结构、凝练期刊特色、发现优质作者、分析竞争态势等方面。

学术期刊作为科学研究活动的重要阵地，具备报道和传播各个学科领域中科技人员所获得的科学发现和技术创新成果的功能。通过对一个学科中重要的、影响力大、代表性强的一批学术期刊所刊载内容的归纳，可以观察到研究活动的热点分布情况。通常来说，一个学科领域中有较多的科研工作者集中开展的研究工作，以及有较多的科研产出成果的研究方向，便是该学科的研究热点方向或主题。对于一种学术期刊，它所刊载的内容和同领域的研究热点方向或主题重合的程度，可以作为判断学术期刊定位是否合理、观察学术论文的传播效果、评估期刊影响力的拓展空间的参考

---

① 马峥. 学术期刊"红点指标"的定义和应用 [J]. 编辑学报，2018，30（1）：102-104.

指标和分析工具,进而为加强学术内容组织和稿源建设工作提供数据支持。① 本研究设计了红点指标,用于测度期刊论文与其所在学科研究热点的重合度。

(1) 红点指标的定义

在红点指标的设计中,包含以下几个概念。

①关键词:关键词是与研究工作和论文内容关系密切的少量词语。一般情况下,关键词会优先选用叙词,在叙词之外的自由词也可用于标引关键词,但应尽可能选自词表类或较权威的参考书、工具书,选用的自由词须具备词形简练、概念明确、通用性强的特点。② 通常认为,关键词能反映一篇论文的研究方向、研究主题。关键词是文献计量学领域广泛使用的文献特征信息。通过关键词的分析可以实现学科热点的发现和监测。③

②高频关键词集合:高频关键词集合所组成的研究方向和主题的集合表征了在特定时段,一个学科中的研究热点。从提高可操作性的角度设计,以论文出版年作为评价时间窗口统计高频关键词较为适当。在科学计量学应用中,常采用通过高频关键词统计方法对学科领域发展进行分析④,或对某一个具体主题或研究方向的科研现状进行描述。⑤

③红点指标 RPF(Red Point Factor):一篇论文可能标引多个关键词,只要有任一个关键词属于高频关键词集合,就认定该篇论文的关键词与高

---

① 汪艺桦. 跟踪报道热点课题保持期刊与学科同步发展[J]. 中国科技期刊研究, 1997, 8 (S1): 91.

② 国家技术监督局. 文献叙词标引规则[S]. 北京:中国标准出版社, 2010.

③ 潘玮, 牟冬梅, 李茵, 等. 关键词共现方法识别领域研究热点过程中的数据清洗方法[J]. 图书情报工作, 2017, 61 (7): 111.

④ 齐书宇, 胡万山. 2005—2014年国内科技管理研究重要文献高频关键词共现分析[J]. 中国科技论坛, 2016, (3): 12.

⑤ 夏火松, 龙瑾, 李芳, 等. 基于高频关键词的离群点监测与异类知识研究:从文献分析视角[J]. 情报杂志, 2017, 36 (5): 181.

频关键词相重合。在评价时间窗口内,被评价期刊发表的关键词与其所在学科同期高频关键词重合的论文的数量在该期刊同期发表全部论文中所占的比例,即该期刊的红点指标。

$$红点指标(RPF) = \frac{与高频关键词重合的论文数(关键词 \in \{高频关键词集合\})}{论文总数}$$

(5-1)

红点指标值最高为100%,代表被评价期刊在评价时间窗口内所有论文所选用的关键词都能与同时间窗口、同学科领域的高频关键词相重合;数值最低为0,代表被评价期刊在评价时间窗口内所有论文所选用的关键词都与同时间窗口、同学科领域的高频关键词不重合。

学术期刊所发表的文献类型可能非常丰富,并不是所有类型的文献都用于报道学术发现和技术创新成果。为了更加准确清晰地反映研究活动的热点分布和变化,计算红点指标的论文范围限定于学术论文,包括论著、研究述评、一般论文和工业工程设计等类型①。

(2) 中国科技核心期刊红点指标的分布

利用 CSTPCD 作为数据来源,可以较全面地观察了解各个学科类别期刊论文的研究方向和研究主题的分布,可以较准确地统计发现各个学科类别的研究热点。

若一篇论文同时著录了相同概念的中文和英文关键词,在统计时计为2个不同关键词。根据 CSTPCD 2016 统计,全国科技核心期刊共发表了论文 564 857 篇,著录使用了 1 493 974 个关键词,它们出现了 4 148 377 次。每篇论文平均使用 7.3 个关键词,超过 70% 的论文设置了 5~10 个关键词。在每个学科类别中分别计算 2016 年高频关键词集合,并以此为基础计算各学科类别中每种期刊 2016 年红点指标。

统计发现,CSTPCD 收录的全部 152 个学科类别(包括自然科学领域和

---

① 马峥. 科技期刊刊载文献的类型分布和传播规律:以中国科技核心期刊为例[J]. 编辑学报, 2017, 29 (2): 108.

社会科学领域）共 2396 种期刊中，红点指标数值在 75%～100% 的期刊有 213 种，分布在 73 个学科。其中，红点指标达到 100% 的期刊共有 4 种，分布在 4 个学科。红点指标数值在 50%～75%（不含 75%）的期刊有 1019 种，分布在 124 个学科。红点指标数值在 25%～50%（不含 50%）的期刊有 1062 种，分布在 147 个学科。红点指标数值在 0～25%（不含 25%）的期刊有 313 种，分布在 109 个学科，其中红点指标数值为 0 的期刊共有 29 种，分布在 13 个学科。部分期刊属于交叉领域，同时归入 2 个或 3 个学科，并在多学科内计算相应的红点指数。在不同学科计算信息熵时，取所在学科对应的红点指标数值。

（3）红点指标的应用

对于期刊出版单位来说，可以从以下几个方面应用红点指标辅助开展相关工作。

1）准确了解学科发展动向，调整期刊定位和方向

学术期刊的核心任务是以论文的形式报道和传播学术研究活动和技术开发活动的成果。对于学术期刊的出版单位来说，只有准确了解学科的发展动向，才能精准把握、及时调整学术期刊的定位和发展方向，力求顺应学科发展态势，提高学术出版传播的效率和价值。通过各个学科红点指标计算过程中所提取的高频关键词集合，可以了解一个年度时间截面上，学科研究活动的分布状态。若是持续监测同一学科的高频关键词集合随时间变化的情况，就可以准确了解该学科的发展动向。

2）辅助编委会对学科热点布局做出判断，提高追踪和把握热点能力

学术期刊的编委会成员，包括主编或执行主编、副主编和编委，对期刊所在学科的热点是最具有发言权的，他们来自科研活动的第一线，具备广阔的学术视野、丰富的信息来源、敏锐的学术观察能力，能够就当前和未来的学科热点形成准确的判断。然而这样的判断往往存在较大的主观性，容易形成较大的分歧，而且并不是所有编委会成员都能全身心投入到期刊

建设工作中①，也就是说，他们虽有判断的能力，但往往缺乏做判断的时间。因此期刊出版单位通过对红点指标的分析，可以对期刊所在学科热点分布状态进行梳理和归纳，并将其作为客观数据支持，从而提高自身对学科热点的追踪和把握能力。

3）优化稿件的构成结构，提高约稿组稿针对性

学术期刊所刊登的文献具备多种形式，所关注的研究内容的流行性属性也有差异。如果按照研究内容与学科内主流研究活动的关注点之间的关系来分类，大体可以将论文分为：a. 前沿探索性研究；b. 热点关注性研究；c. 非主流冷门性研究；d. 跨学科交叉性研究；e. 跟踪模仿性研究。每一种期刊根据自身的定位，可能会发表不同类型的研究成果，而且在不同期刊之间，发表各种类型成果论文的占比各有侧重。稿件的构成结构是否合理，取决于期刊的定位与实际情况是否一致。通过对红点指标构成的分析，可以测度一种学术期刊中，发表的 b 类成果（热点关注性研究成果）的数量和比例，用于帮助期刊出版单位根据自身发展目标，认识实际稿源构成与发展目标所希冀见到的稿源构成的差距，从而调整优化稿件的结构，为有针对性地开展约稿和组稿工作提供参考。

4）凝练期刊的学科特色，增加对优质稿源的竞争力

学术期刊对优质稿源的竞争力来源于期刊在学科中所具备的特点。在一些学科领域，期刊同质化现象非常明显，每种期刊的特点不突出，百刊一面，削弱了期刊对学术资源的竞争力，也不利于学术期刊扩大影响，形成品牌效应。通过红点指标的计算，可以关注到本学科热衷报道的研究主题与方向。若某一种期刊能在某一个主题方向上发表较多的热点论文，则表明该刊在这个方向上有潜力汇聚相对较多的优质稿源。通过梳理该刊在哪些方面能挖掘到优质稿源，可以凝练出该刊的学科特色。将期刊各方面的资源集中于特色建设，可以较有效地增加期刊对优质稿源的竞争力。

---

① 陈翔. 学术期刊编委会履行职责中常见问题分析 [J]. 编辑学报，2007（6）：453.

5）发现优质作者群，识别学科内的核心研究团队

通常来说，各个学科的核心研究团队所从事的研究工作，主导着各学科研究活动的主流方向，代表着学科发展进步的关键学术节点。这些核心研究团队是学术期刊追求的优质作者群体，他们的研究活动往往是学科内具有较高学术水平的研究探索，他们的论文往往能产生较广泛和长远的学术影响。通过红点指标的计算，可以识别出有能力长期围绕（或引领）学科热点研究方向和主题开展研究活动并发表论文的作者群。这类作者群所在的研究团队，能够发现、跟踪学科发展方向，甚至能引领学科的发展方向。与高被引论文和高被引作者团队的统计数据相结合分析，可以发现和识别各个学科内的核心研究团队。以作者与关键词作为变量的关联分析与耦合分析可以进一步挖掘科研人员之间①、科研团队之间的协作网络②。

6）分析竞争态势

学术期刊所处的环境，是一个激烈竞争的环境③。在期刊之间、期刊出版单位之间、期刊主办单位之间、期刊主管单位之间，都存在着相互竞争的关系。通过对竞争对手与自己各项学术指标的对比分析，可以准确发现各自的长处和不足，及时采取相应措施，在竞争中取得先机。通过分析对标期刊或期刊群的红点指标的数值构成，可以了解竞争对手把握学科热点的能力及对热点之外的前沿或冷门领域的关注情况（它们有可能在今后转化为热点），了解核心作者群与热点研究领域的联系等方面的信息，将这些信息与其他指标分析结果汇总起来，从中分析竞争态势，有助于促进期刊在激烈竞争中不断发展进步。

---

① 刘京旋，杜永萍，杜晓燕，等. 学术网络中科研人员影响力分析方法研究 [J]. 情报工程，2015，1（6）：83-89.

② 牟冬梅，琚沅红，郑晓月，等. 基于学科内容的科研人员隐性合作关系研究 [J]. 情报理论与实践，2017（7）：17.

③ 马峥，潘云涛，武夷山. 基于引文分析的科技期刊竞争压力评价及学科间比较研究 [J]. 情报学报，2013，32（10）：1026-1036.

5.1.4 原创指标之二：竞争压力指标的研制①

科技期刊的发展过程中，必然会面临来自同学科其他期刊的竞争压力。期刊自身与竞争对手的绝对影响力、期刊之间的相似性程度与期刊的竞争强度密切相关。本研究将 2011 年 CSTPCD 收录的 1998 种期刊归入 61 个学科类别，把每一个学科类别作为一个期刊生态系统，引入生态学领域竞争强度的测度方法，采用 CSTPCD 2011 中的期刊指标和引文数据进行测算。计算过程中，以期刊的总被引频次作为衡量期刊绝对影响力的指标，计算学科分类内期刊互引矩阵、期刊相似性矩阵，并进一步计算期刊竞争关系矩阵。以此为基础，研究期刊在学科所面临的竞争压力，以及学科分类的整体竞争强度。研究表明，在物理学类 35 种期刊这个样本中，期刊的竞争压力差距悬殊，总被引频次大小对期刊的竞争压力有一定影响，同时期刊之间的相似性较大时，彼此的竞争压力都有所增加。研究还发现，各个学科分类的整体竞争强度也有比较明显的差别。综合类和工程技术领域整体竞争程度偏弱，医药卫生领域整体竞争程度偏强。与比同时收录期刊数量（学科规模）为 20~50 种的学科分类，整体竞争强度更高一些。对科技期刊竞争压力的测算，将应用于期刊发展态势研究和发展策略选择，同时还有助于科技期刊管理部门进行科学决策。

科技期刊在人类科学活动与知识传播过程中所发挥的重要作用毋庸置疑，中国的科技期刊也在改革与发展的大背景下，积极探索着未来发展的道路。中国是科技期刊大国，我国的科技期刊数量近年来一直稳定在 5000 种以上，在我国全部期刊品种中的比例大约占到 50%。② 要使我国科技期刊整体进步，起到支撑国家科学技术事业发展的重要作用，科技期刊的竞争与合作必将是发展的主题。要建立良性运转和可持续发展的竞争环境与机

---

① 马峥，潘云涛，武夷山. 基于引文分析的科技期刊竞争压力评价及学科间比较研究 [J]. 情报学报，2013，32（10）：1026-1036.

② 新闻出版总署出版产业发展司. 中国新闻出版统计资料汇编（2011）[M]. 北京：中国书籍出版社，2011.

制，必须对现有的科技期刊发展状况，特别是竞争态势进行剖析和测度。

（1）对于期刊竞争环境的研究，国内外已经有一些学者进行了相关探索

有研究发现科技期刊在学术环境中竞争力的大小与期刊影响因子的数值大小是相关的。① 21世纪初，有学者提出竞争是科学的基本属性之一，同时开始尝试用定量指标来测度科技期刊之间竞争力的差别。② 我国有学者在1999年就对科技期刊质量与期刊竞争意识之间的关系进行论述。③ 21世纪初，科技期刊必须在竞争环境中寻求发展成为普遍接受的观点，学者开始探讨期刊的竞争力如何定义④、如何构建期刊的核心竞争力⑤，以及如何在市场竞争中取得优势⑥等问题。2006年，方岩根据价值链理论分析了期刊的价值链与竞争优势的关系。⑦ 俞涛等开始尝试从生态学角度，思考和梳理科技期刊生存和发展的规律。⑧ 刘新燕对科技期刊业市场份额集中度、期刊之间竞争强度进行了一定研究。⑨ 张静等也尝试站在生态学的视角进行思考和分析。⑩ 中国科学技术信息研究所从2011年开始利用期刊互引矩阵，通过

---

① CAMPANARIO J M. The Competition for journal space among referees, editors, and other authors and its influente on journals' impact factors [J]. Journal of the American Society for Information Science, 1996, 47 (3): 184-192.

② MANFRED B, SCHARNHORST A. Competition in science and the Matthew core journals [J]. Scientometrics, 2001, 51 (1): 37-54.

③ 朱健利，何梅. 论强化竞争意识与提高科技期刊质量之关系 [J]. 科技与出版，1999 (5): 27-29.

④ 蔡玉麟. 科技期刊竞争力初探 [J]. 中国科技期刊研究，2003，14 (4): 345-348.

⑤ 陈晓梅. 科技期刊核心竞争力的不同层面 [J]. 传媒，2005 (9): 55.

⑥ 高建平. 科技期刊的市场竞争博弈 [J]. 编辑学报，2004，16 (5): 319-320.

⑦ 方岩. 竞争优势与科技期刊的价值链分析 [J]. 中国科技期刊研究，2006，17 (4): 541-543.

⑧ 俞涛，王道平，张高明，等. 科技期刊生存与发展的生态学思考 [J]. 编辑学报，2007，19 (1): 3-5.

⑨ 刘新燕. 科技期刊业的竞争强度 [D]. 北京：中国科学技术信息研究所，2008.

⑩ 张静，程启厚，王明华，等. 论生态学视角下的科技期刊可持续发展 [J]. 编辑学报，2012，24 (4): 317-320.

余弦相似性方法，测度学科分类内期刊两两之间的相似性关系。① 这为解决测度期刊相互距离提供了新的研究思路。

本研究尝试利用科学计量学的方法，以中国科技论文与引文数据库（CSTPCD）为基础，借鉴生态学领域竞争强度的设计思路，以期刊的绝对影响力和期刊之间的相似性作为参数，定量测度科技期刊在其所在学科分类中的竞争压力及学科的整体竞争强度。

（2）数据和方法

本研究依据 CSTPCD 2011，计算中国科技核心期刊之间的引用数据，并以此测度中国科技期刊的竞争强度。期刊的学科类别的分类和归属参照《2012 年版中国科技期刊引证报告（核心版）》。②

本研究借鉴生态学研究领域中的竞争强度的理念，来定义科技期刊的竞争压力。在一个生态系统中，一棵树所面临的来自所有相邻树木造成的竞争，被定义为"单木竞争指数"。所有单木竞争指数的平均值，就是这个生态系统的竞争强度。

本研究保留了对系统（学科分类）的竞争强度这个指标名称；同时出于方便理解的考虑，将对具体期刊的单木竞争指数这个指标更名为竞争压力。二者之间是系统平均值和个体值的关系。

计算方法的具体方案如下。

1）科技期刊之间竞争关系的主要因素

在某一个相对封闭的生态环境中，相同的生物物种，比如某一个树种，植株的胸径差异和相互之间的空间距离是计算不同植株之间竞争关系的主要参数。在这个封闭空间中，所有植株之间的竞争关系累计在一起，可以用于指示这个生态环境的整体竞争强度。

如果把一个学科类别看作一个相对封闭的期刊生态环境的话，那么就

---

① 中国科学技术信息研究所. 2011 年版中国科技期刊引证报告（核心版）[M]. 北京：科学技术文献出版社，2011.

② 中国科学技术信息研究所. 2012 年版中国科技期刊引证报告（核心版）[M]. 北京：科学技术文献出版社，2012.

可以将这个学科类别中的所有期刊看作各自独立的植株。如图5-1所示，期刊i和期刊j之间的竞争关系的主要因素是其各自的胸径，分别为D_i和D_j，以及二者之间的距离L_{ij}。

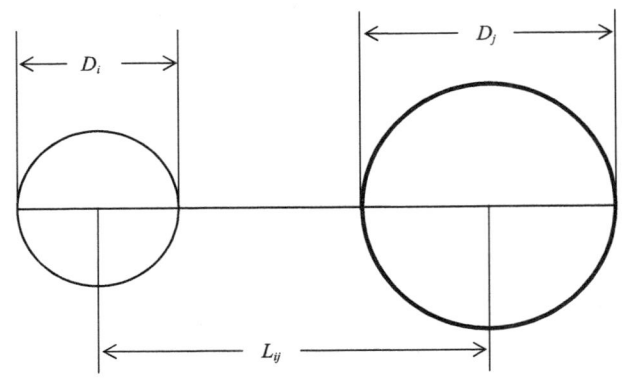

图5-1　科技期刊之间竞争强度的主要因素示意

每种期刊绝对影响力的大小可以看作植株胸径的大小。通常看来，胸径较粗的植株争夺生存资源和抗击竞争对手的能力都会强一些。与之类比，绝对影响力较大的期刊，在争取稿源、资金投入和关注度方面的能力普遍会更高一些。与之相对，绝对影响力较小的期刊，所承担的来自同行期刊的竞争压力也会更大一些。

通常来说，期刊的绝对影响力可以主要从3个指标表现出来：总被引频次、影响因子和期刊发表论文的数量。

一方面，在这3个指标中，影响因子所涉及的相关因素比较多，容易产生较大的波动。发文量则容易受到主观因素的影响而产生巨大变化。例如，一种期刊的出版周期从双月刊改变为月刊，发文量会突然增加一倍，同时由于分母增加一倍，影响因子的数值也会相应出现大幅下降。还有研究表明，中国科技期刊论文数量与影响不同步，评价影响因子较低，但发文量却明显高于世界水平。[①] 与影响因子和发文量2个指标相比，总被引频次是

---

① 赵蓉英，杨瑞仙，董克，等. 透视中国学术期刊的国际竞争力 [J]. 情报学报，2008，27（3）：438-445.

相对稳定和客观的指标，可以直观地反映期刊的影响力，受其他因素的影响较小，在进行长期监测和计算中具有较明显的优势。

另一方面，从指标的物理意义上看，影响因子是表示一种期刊中每篇论文平均被引用的次数，因此影响因子与发文量的乘积所表达的物理含义是被引用总量，与总被引频次的物理含义类似，都具备单调性。通过对 2011 年 CSTPCD 收录的 1998 种期刊总被引频次数值和影响因子与发文量的乘积的相关性进行计算，发现相关系数 R^2 数值可以达到 0.659。

从以上两个方面考虑，认为总被引频次适合当作一个替代指标，来反映期刊的绝对影响力。因此，本研究用每种期刊的总被引频次作为期刊 i 的胸径大小 D_i：

$$D_i = TC_i 。 \qquad (5-2)$$

其中，TC_i 表示期刊 i 的总被引频次。

生态学界普遍认为，当相同的物种在同一个生存环境中时，它们之间的竞争关系是最为激烈的[1]。同样在同一个学科类别口，两种期刊之间的相似性大小，也是它们彼此竞争关系大小的重要因素。两种期刊之间相似程度越高，他们之间的竞争关系越激烈。本研究将期刊之间的相似性大小类比成每种期刊在其生态环境中的相互间距离 L_{ij}。

马峥等对中国科技核心期刊所在 61 个学科分类的期刊间互引矩阵进行了计算，并在其基础上采用余弦相似性的算法，分别计算了每个学科分类中期刊两两之间的相似性，形成各个学科分类的期刊相似性矩阵。[2] 本研究定义期刊间距离 L_{ij} 的计算方法为：

$$L_{ij} = \frac{1}{S_{ij}} - 1 。 \qquad (5-3)$$

其中，S_{ij} 表示期刊 i 和期刊 j 之间的余弦相似性指标。余弦相似性算法如下：

---

[1] CLEMENTS F E. Research methods in ecology [M]. Lincoln Nebraska：University Publishing Company，1905.

[2] 马峥，王娜，周国臻，等. 中国科技核心期刊分类互引网络模式研究 [J]. 科学学研究，2012，30（7）：983-991.

$$S_{ij} = \cos(x,y) = \frac{\sum_{i=1}^{n} x_i y_i}{\sqrt{\sum_{i=1}^{n} x_i^2} \sqrt{\sum_{i=1}^{n} y_i^2}}。 \quad (5-4)$$

S_{ij} 的数值范围是 $[0,1]$，L_{ij} 的取值范围为 $[0,\infty]$。当 S_{ij} 接近 1 的时候，代表期刊 i 和期刊 j 之间的相似性非常强，则相应地它们的距离 L_{ij} 非常小，数值接近 0；与之相对，当 S_{ij} 接近 0 的时候，代表期刊 i 和期刊 j 的相似性非常弱，则相应地它们的距离 L_{ij} 很大，数值趋近于无穷大。

2）科技期刊之间竞争压力的计算方法

借鉴生态学领域 Hegyi 对植物竞争关系的定量测度方法①，若一个选定的学科类别中，共包括有 n 种期刊，首先设定其中的一种期刊 i 为基本期刊，设定另一种期刊 j 为竞争对手期刊。则对于基本期刊 i 而言，其所面对的来自竞争对手期刊 j 的竞争压力 CR_{ij} 可以通过以下的定量方式来测度和计算：

$$CR_{ij} = \frac{D_j}{D_i \cdot L_{ij}}。 \quad (5-5)$$

假设期刊 i 受到来自期刊 j 的竞争压力，与自身的绝对影响力成反比，与对手的绝对影响力成正比，与期刊之间的距离成反比。这一假设与人们通常对竞争关系的直观理解是一致的。

将式（5-2）和式（5-3）带入式（5-5），可以得到：

$$CR_{ij} = \frac{TC_j}{TC_i \cdot \left(\frac{1}{S_{ij}} - 1\right)}。 \quad (5-6)$$

其中，TC_i 和 TC_j 分别表示基本期刊 i 和基本期刊 j 的总被引频次，S_{ij} 代表期刊之间的余弦相似性。

---

① HEGYI F. A simulation model for managing jack-pine stands [C] //FRIES J. Growth models for tree and stand simulation. Sweden Stockholm: Royal College of Forestry, 1974.

通常用来计算相似性的指标主要是 Person 相关系数和余弦系数。Person 相关系数反映的是向量之间的空间距离，余弦系数的物理意义是向量之间的空间夹角的余弦值。对于互引矩阵来说，更适用于余弦系数。因为它只提供正值，数值在 0 和 1 之间。若一个学科分类中包含 n 种期刊，则对于某一种期刊 i 来说，n 种期刊对其引用的次数，构成了在 n 维空间中的一个向量 $(C_{1i}, C_{2i}, \cdots, C_{ni})$。在这个 n 维空间内，每种期刊是一个 n 维向量，不同期刊向量夹角的余弦值就是期刊被引用的余弦相似性。

CR_{ij} 和 CR_{ji} 共同构成了期刊 i 和期刊 j 之间的竞争关系。余弦相似性 S_{ij} 所测度的是基本期刊和竞争对手期刊的角距离，因此不具有方向性，即 S_{ij} 与 S_{ji} 数值相等。但是 CR_{ij} 具有方向性，即当 TC_i 与 TC_j 不相等的时候，CR_{ij} 和 CR_{ji} 也不相等。根据式（5-6）的定义，CR_{ij} 和 CR_{ji} 是互为倒数关系。

从其定义可以看出，总被引频次大的基本期刊受到总被引频次小的竞争对手期刊所带来的竞争压力相对较小，反之，总被引频次小的基本期刊受到总被引频次大的竞争对手期刊所带来的竞争压力则相对较大。期刊的相似性越大，彼此之间双向的竞争压力都会相应增加。

期刊不会对其自身构成竞争，因此定义期刊自身对自身的 CR_{ii} 的值为 0。

3）基本期刊 i 的竞争压力的计算

基本期刊 i 在其所在的学科内，共有 $n-1$ 个竞争对手期刊，因此对于期刊 i 来说，其竞争压力 CI_i 可以定义为来自所有对手的竞争压力之和：

$$CI_i = \sum_{n}^{j=1} CR_{ij} \text{。} \quad (5-7)$$

4）某一学科分类的整体竞争强度

CSTPCD 中各个学科分类的规模有所不同，即各个学科分类的期刊数量存在差异，为了便于进行学科间横向比较，将某一学科的整体竞争强度（CIS）定义为该学科所有期刊竞争压力的平均值：

$$CIS = \frac{1}{n} \sum_{n}^{i=1} CI_i \text{。} \quad (5-8)$$

(3) 计算和分析

采用上述方法，本研究首先对部分典型期刊进行了局部验证。在管理学科的学术期刊中，《科学学研究》和《科研管理》被认为是相互间存在竞争关系的一组期刊。两刊在办刊宗旨、稿件学科属性、读者和作者群的分布方面都具有趋同性。对比两刊的编委会构成，也会发现有一部分重叠的成员，而且两刊的主编同时都是对方编委会的成员。通过本研究余弦相似性计算表明：在管理学科中，二者的相似性很强，相似性系数高达 0.9338（相似性系数的取值范围是 [0，1]），是学科所有 22 种期刊中相似性最高的一对期刊。从期刊的影响看，《科学学研究》和《科研管理》同为月刊，2011 年的论文数和被引用次数都非常接近：发文量分别是 249 篇和 246 篇，总被引频次数值分别是 849 次和 855 次，因此这 2 种期刊的竞争关系基本上处于势均力敌的状态。数据计算的结果也显示，这 2 种期刊受到对方的竞争压力的数值非常接近，分别是 14.21 和 14.01。局部验证表明，本研究所采用的定量方法可以用于反映期刊竞争环境和竞争压力的实际情况。

通过上述的局部验证之后，进一步以 CSTPCD 2011 的数据为数据资源，分 61 个学科分别计算了期刊互引矩阵、期刊相似性矩阵、期刊之间的竞争关系矩阵、每种期刊在其所在学科内的竞争压力及各个学科分类的整体竞争强度。

1) 学科分类内期刊互引矩阵、期刊相似性矩阵和期刊之间的竞争关系矩阵

以下以物理学类期刊为例，来阐述学科分类内期刊互引矩阵、期刊相似性矩阵和期刊之间的竞争关系矩阵的计算与分析过程。

CSTPCD 2011 中所设定的物理学类共收录 35 种科技期刊（$n=35$）。通过统计这 35 种期刊两两之间的互引次数，可以形成物理学类期刊的互引矩阵 $C(35,35)$。

采用余弦相似性算法，我们将互引矩阵转化成相似性矩阵 $R(35,35)$。将 $R(35,35)$ 转化成 *.net 文件，导入 Pajek 软件中，绘制得到图 5-2

所示的 2011 年物理学科期刊互引网络示意图。其中每个节点代表一种期刊，节点的面积代表期刊总被引频次，期刊的位置和连线的粗细程度代表期刊之间相似性的大小。

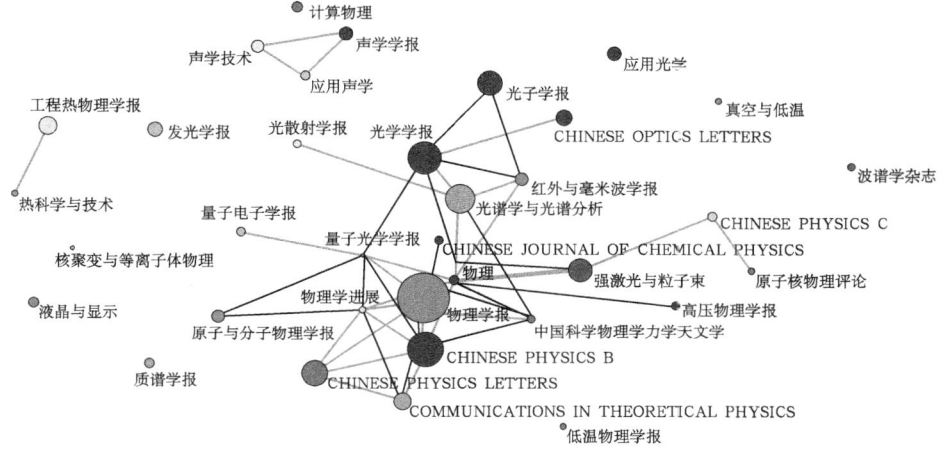

图 5-2　2011 年物理学类期刊互引关系示意

从另一个角度看，如果将物理学类期刊的整体当作一个生态环境区间，则其中的 35 种期刊就可以被认为是 35 棵独立的植株。图 5-2 可以理解为从空中俯视这 35 棵植株构成的生态系统。它们的胸径大小和彼此间距离的远近决定了整个物理学期刊生态领域的竞争强度和态势。

根据式（5-5）的定义，将期刊的总被引频次和两两之间的余弦相似性指数带入计算得到了整个物理学类 35 种期刊彼此之间的竞争压力矩阵 CR（35，35）。

2）期刊的竞争压力

根据式（5-6）的定义，每种期刊的竞争强度是所有同类期刊的竞争压力之和。根据物理学类期刊竞争关系矩阵，计算了 35 种期刊各自的竞争压力（表 5-3）。

表5-3 2011年物理学类35种期刊的竞争强度

期刊名称	2011年竞争压力（CI）	排名	2011年总被引频次/次	排名
CHINESE JOURNAL OF CHEMICAL PHYSICS	14.45	8	308	24
CHINESE OPTICS LETTERS	4.88	17	1002	11
CHINESE PHYSICS B	8.81	11	4947	2
CHINESE PHYSICS C	8.63	12	321	23
CHINESE PHYSICS LETTERS	3.23	21	2417	5
COMMUNICATIONS IN THEORETICAL PHYSICS	7.34	13	1030	9
波谱学杂志	0.49	34	238	27
低温物理学报	7.19	14	103	34
发光学报	1.70	28	1013	10
高压物理学报	15.42	7	252	25
工程热物理学报	0.32	35	1409	8
光谱学与光谱分析	2.17	25	3453	4
光散射学报	10.56	10	224	28
光学学报	1.14	32	4167	3
光子学报	2.02	26	2155	6
核聚变与等离子体物理	12.33	9	147	33
红外与毫米波学报	16.30	6	717	12
计算物理	2.01	27	465	17
量子电子学报	6.87	15	422	19
量子光学学报	188.75	1	69	35
强激光与粒子束	1.69	29	2112	7
热科学与技术	2.82	23	181	31

续表

期刊名称	2011年竞争压力（CI）	排名	2011年总被引频次/次	排名
声学技术	4.84	18	446	18
声学学报	3.19	22	648	14
物理	90.73	3	373	21
物理学报	2.27	24	10 402	1
物理学进展	128.29	2	191	30
液晶与显示	0.82	33	512	16
应用光学	3.79	19	584	15
应用声学	19.22	5	241	26
原子核物理评论	5.85	16	206	29
原子与分子物理学报	3.38	20	673	13
真空与低温	1.44	30	165	32
质谱学报	1.37	31	386	20
中国科学：物理学 力学 天文学	28.56	4	330	22

如表5-3所示，物理学类35种科技期刊2011年竞争压力差别比较大，最大值为188.75，最小值为0.32。从分布规律上看，竞争压力数值在10以上的期刊有10种，1~10的期刊有22种，1以下的期刊有3种。

对照期刊的总被引频次，可以看到，总被引频次的差别（期刊绝对影响力的差别）与期刊的竞争压力有一定关系。图5-3列出了这35种期刊总被引频次排名和竞争压力排名的分布关系。从图中可以看出，总被引频次学科排名进入前1/4的8种期刊（标记为三角形），竞争压力排位大都排在学科的后一半范围内。其中有7种期刊的总被引频次超过2000次。而总被引频次学科排名落在末1/4的8种期刊（标记为圆形），竞争压力

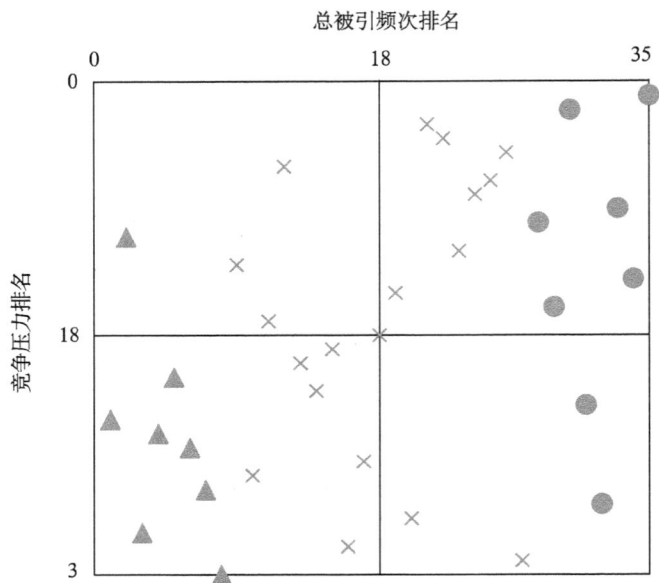

图 5-3　2011 年物理学类期刊的总被引频次排名和竞争压力排名对照散点图

排位大都排在学科的前一半范围内。其中有 6 种期刊的总被引频次在 200 次以下。

当然其中也存在一些例外的期刊。由于与其他期刊相似性非常高或非常低，对竞争压力数值带来了显著影响。例如，一些期刊尽管总被引频次可以高达数千次，但是与其他一些同样有广泛影响的期刊具有较高的相似性，所以其面临的竞争压力数值也偏高。另一方面，一些较窄领域的期刊，虽然总被引频次并不是特别高，但是由于具有鲜明的学术特色，与其他期刊的相似性很低，所以面临的竞争压力反而不是特别大。

3）各个学科类别期刊的整体竞争强度

根据式（5-7）的定义，每个学科类别期刊的整体竞争强度是其所有期刊竞争压力的平均值。本研究在各个学科期刊数量和每种期刊竞争强度的基础上，计算了 2011 年 CSTPCD 所有 61 个学科分类的整体竞争强度（表 5-4）。

表 5-4 2011 年 CSTPCD 61 个学科类别期刊的整体竞争强度

学科类别	2011 年整体竞争强度（CIS）	排名	2011 年期刊数量/种	排名
综合类	4.18	53	15	47
综合大学学报类	1.08	59	60	9
师范大学学报类	1.03	60	29	29
数学类	24.87	19	28	34
力学类	9.45	45	12	55
信息科学与系统科学类	6.58	49	12	55
物理学类	17.51	35	35	24
化学类	12.83	39	35	24
天文类	3.24	56	3	61
测绘学类	27.28	18	14	50
地球科学类	16.83	36	36	23
地理科学类	38.75	11	16	46
地质科学类	42.73	10	32	28
海洋科学类	30.15	15	17	45
大气科学类	11.45	41	15	47
生物学类	18.38	31	60	9
农学类	49.87	6	44	16
农艺学、园艺学类	8.82	47	29	29
农业工程类	12.51	40	13	51
农业大学学报类	6.46	50	24	39
林学类	24.55	20	18	43
畜牧、兽医科学类	14.51	38	15	47

续表

学科类别	2011年整体竞争强度（CIS）	排名	2011年期刊数量/种	排名
水产学类	20.89	28	11	57
预防医学与卫生学类	22.36	24	68	5
基础医学类	63.23	4	47	14
医学综合类	17.79	34	48	13
医科大学学报类	4.78	52	52	11
药学类	43.37	9	45	15
临床医学类	22.36	25	61	7
保健医学类	1.33	58	9	59
妇产科学、儿科学类	149.44	2	27	35
护理医学类	70.19	3	13	51
神经病学、精神病学类	18.20	32	35	24
口腔医学类	48.53	7	18	43
内科学类	24.49	21	52	11
外科学类	21.77	26	61	7
眼科学、耳鼻咽喉科学类	43.67	8	20	41
肿瘤学类	31.99	14	26	36
中医学与中药学类	152.91	1	69	3
军事医学与特种医学、医学影像学类	27.30	17	29	29
工程与技术科学综合类	0.26	61	11	57
工程与技术大学学报类	3.54	55	71	1
材料科学类	18.17	33	35	24
矿山工程技术类	9.78	44	25	38

续表

学科类别	2011年整体竞争强度（CIS）	排名	2011年期刊数量/种	排名
能源科学技术类	7.61	48	40	19
冶金工程技术类	37.40	12	26	36
机械工程类	20.06	29	64	6
仪器仪表技术类	2.94	57	13	51
兵工技术类	5.36	51	13	51
动力与电力工程类	29.76	16	40	19
核科学技术类	3.85	54	9	59
电子、通信与自动控制类	23.32	23	69	3
计算机科学技术类	54.75	5	29	29
化学工程类	19.24	30	70	2
轻工、纺织科学技术、食品科学技术类	33.85	13	38	21
土木建筑工程类	21.63	27	41	18
水利工程类	10.44	43	20	41
交通运输工程类	9.03	46	43	17
航空、航天科学技术类	10.59	42	29	29
环境科学技术、安全科学技术类	16.67	37	37	22
管理学类	23.92	22	22	40

从表5-4可以看出，61个学科分类的整体竞争强度也有很明显的差异。整体竞争强度最高的学科分类是中医学与中药学类，达到152.91；整体竞争强度最低的学科分类是工程与技术科学综合类，只有0.26。从61个学科分类的数值分布看，整体竞争强度在100以上的学科分类有2个，30~100的学科分类有13个，10~30的学科分类有28个，1~10的学科有17

个，1以下的学科分类有1个。

本研究将61个学科分类归并到综合领域、基础科学领域、工程技术领域、农业领域和医药卫生领域等5个领域，分别统计了各个领域的学科整体竞争强度的数量。如表5-5所示，综合领域的学科整体竞争强度普遍不高，4个学科分类中有3个在10以下，余下一个也没有超过30。基础科学和农业领域的分布态势相似，都是大部分学科集中分布在10~30。与这2个领域相比，工程技术领域的整体竞争强度偏低，多数学科分布在1~30；而医药卫生类则呈现出整体竞争强度明显偏高的状态，多数学科分布在10~100。

表5-5 2011年CSTPCD各领域整体竞争强度的学科数量分布

单位：个

整体竞争强度（CIS）	综合领域学科数	基础科学学科数	工程技术学科数	农业学科数	医药卫生学科数	合计
100以上	0	0	0	0	2	2
30~100	0	2	3	1	6	13
10~30	1	8	9	4	7	28
1~10	3	3	7	1	2	17
1以下	0	0	1	0	0	1
总计	4	13	20	7	17	61

本研究对比学科规模和整体竞争强度之间的关系，发现学科规模（学科内期刊数量）较小和较大的学科，整体竞争强度往往只分布在较低的区间。如图5-4所示，规模小于20种期刊的学科，整体竞争强度数值主要集中在40以下；规模超过50种期刊的学科，整体竞争强度数值主要也集中在40以下，而规模在20~50种期刊间的学科，整体竞争强度数值分布在0~60。

通过对期刊竞争压力和学科分类整体竞争强度进行测度与分析，可以定量反映出科技期刊的竞争环境态势，可以区分期刊之间、学科分类之间不同的竞争关系，并且可以通过对统计数据的比较分析，进一步研究造成

第 5 章 基于信息熵的学术期刊指标评价体系和实证

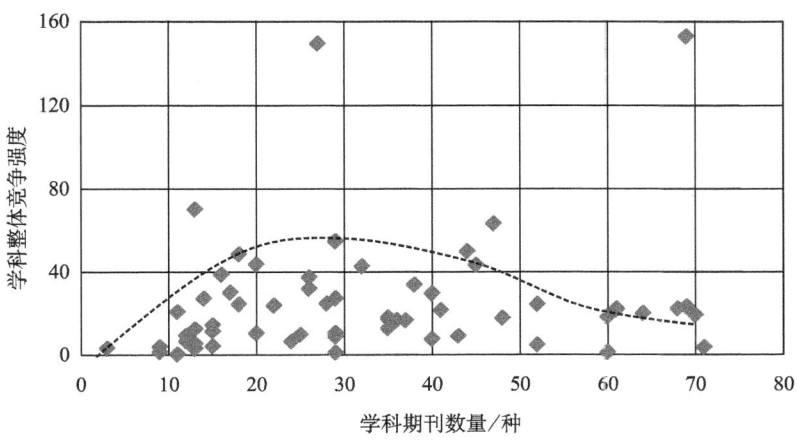

图 5-4 2011 年 CSTPCD 61 个学科分类规模与整体竞争强度的关系

差异的原因，从而为科技期刊出版单位制定科学发展策略提供科学的数据和支持工具。同时，这些统计数据和分析结果还可以用于宏观层面对科技期刊发展环境态势的监测，有助于科技期刊管理做出客观判断与正确决策。

（4）结论和讨论

①本研究通过定量方法，测算科技期刊所面临的竞争压力，以及各个学科的整体竞争强度，发现无论是学科之间的竞争强度，还是期刊之间的竞争压力，数值差异悬殊。探究造成期刊竞争环境差异的原因，可能存在很多相关因素。期刊不同方面的属性与竞争压力都有联系。例如，多学科的综合类期刊与一般专业类期刊，以及很小领域的特别专业期刊的竞争环境和竞争压力来源有所区别。基础研究类或学术类的期刊，与工程技术类或应用类期刊的竞争态势也有各自的特点。以面向国内作者和读者为主的中文期刊，与以面向海外作者和读者为主的英文期刊的竞争状况，也存在着显著的差别。因此竞争压力和竞争强度的相关因素，以及各个相关因素对期刊竞争环境的影响机制与测度问题有待于更加深入的研究。

②生态学中竞争强度的概念是一个累计量，是所有竞争压力的汇总。因此期刊的竞争压力也是一个累计量，是其所在学科分类中，来自所有竞争对手的竞争压力之和。来自一个相似性特别大的对手期刊造成的竞争压

力，可能等同于来自多个相似性较弱期刊的竞争压力。因此对于每种期刊来说，其竞争压力的构成，也就是推高其竞争压力的原因及主要对手的分布可能会存在差异。这在针对某一种具体期刊进行竞争态势剖析的时候，具有重要参考作用。

③期刊同质化问题是我国科技期刊发展中面临的一个显著问题。[①] 通过竞争强度的定量方法分析，可以看到同质化现象比较突出的一些学科领域，特别是那些特色不太鲜明的期刊，竞争压力往往比较高。同质化现象具有一定表面迷惑性，期刊长期发展的隐患往往隐藏在欣欣向荣的假象背后。[②] 同质化问题对于一种期刊来讲，增加了其所面临的竞争压力；对于一个学科领域来讲，也难以形成健康的、有利于可持续发展的良性竞争环境。相似性高的期刊通常是彼此间竞争最激烈的对手，但是也存在某些期刊相似性较高的期刊为了单纯追求影响因子、总被引频次、他引率等评价指标，采用集团互引等方式形成一种非正常的"合作"关系。这一类期刊不端行为的出现，也是期刊同质化现象所衍生的问题之一。

④本研究在对期刊进行学科分类的时候，将每一种期刊只计入一个最相关的学科分类进行统计和分析。实际上，随着科学技术的发展进步，学科不断融合和演进，很多科技期刊发表论文所在的领域都不局限于单一的传统学科类别内。同时有一些学科自身就是多学科交叉而成的领域，很难严格设定学科之间精确的边界。因此，我们在计算一种期刊的竞争压力的时候，仅计算该期刊所在的那一个学科领域中的竞争压力。如何测度和整合具有多学科属性或者跨学科属性的期刊在不同学科分类的相似性和竞争压力，以及如何跨学科比较期刊竞争压力的大小，是需要继续探索的研究方向。

⑤学科类别的规模即学科分类内科技期刊的数量对该学科分类的竞争

---

① 佟贺丰，武夷山. 学术期刊应避免同质化 [J]. 科技导报，2009，27 (3)：107.
② 刘勇定. 图书馆学情报学期刊的同质化竞争及其对策 [J]. 图书情报工作，2007，51 (10)：119-121，146.

环境和强度有一定影响。只有在适当的规模范围内,才能形成良性的竞争环境,过多的期刊数量或者过少的期刊数量都会降低整体竞争强度。因此有关管理部门在科技期刊的管理方面,可以参考竞争强度指标的分布和变化趋势,实施相应措施,促进各学科领域的期刊环境的健康和可持续发展。

⑥在管理科学中,面对竞争环境,存在"红海战略"和"蓝海战略"的提法。"红海战略"就是直面竞争,扩大市场份额;"蓝海战略"就是指回避正面竞争,开拓新的市场。① 科技期刊面对竞争,同样需要根据实际环境和未来发展定位,做出最优的发展路径选择。在竞争环境中已经取得相对优势地位的期刊,可能更倾向于"红海战略",即更主动地巩固和扩展优势。而在竞争环境中处于相对明显弱势的期刊,则可能更多考虑采取"蓝海战略",寻求特色发展道路,降低相似性过高而带来的同质化问题,降低竞争压力和发展阻力。本研究成果对于新创办期刊时的学科、领域选择,也具有参考价值。若是在现有期刊竞争已经非常激烈的领域中,再创办差异性不明显的新期刊,则将面临很大的生存和发展压力。

5.2 确定指标的权重

本研究通过层次分析法和德尔菲专家调查法对评价体系中的7个准则层项目(一级指标)和20个指标层项目(二级指标)赋予权重。②

5.2.1 专家邀请和调查

研究过程中,共邀请了15位专家参与调查。这15位专家包括多年从事期刊编辑出版事务的期刊编辑和出版专家代表,熟悉期刊工作并长期担任期刊主编和主要编委的科研人员代表,来自科技管理部门并熟悉科技期刊

---

① 金,莫博涅. 蓝海战略[M]. 北京:商务印书馆,2005.
② 李香亭,杨风暴,周新宇,等. 信息熵和判断矩阵的专家聚类赋权法[J]. 火力与指挥控制,2012,37(3):103-106.

评价和管理工作的期刊管理专家，从事科学传播学、学术期刊出版研究、情报学等领域的计量专家等。

各位专家在充分理解本研究的目的、方法、指标体系结构和应用场景的基础上，独立（专家之间背靠背的调查方式）填写全套调查表。每个专家分别对基于信息熵研究的学术期刊评价指标体系所涉及的一级指标和二级指标两两比较，就同类别下甲、乙二指标在评价中的相对重要性发表意见。

如果甲指标比乙指标重要或同等重要，用于描述甲指标相对于乙指标重要性程度标度等级一共分为 5 级，分别是：绝对重要（标度为 9）、显著重要（标度为 7）、比较重要（标度为 5）、稍显重要（标度为 3）、同样重要（标度为 1）。

除非必要，标度不选取中间值（2、4、6、8）。如果甲指标相对于乙指标的重要性标度为 x，则乙指标相对甲指标的重要性标度为 $1/x$。

通过调查，每个专家分别返回 8 个调查表，形成 8 个调查数据矩阵。形式为：

$$A_{kl} = A(a_{ij})_{n_l \times n_l}。 \quad (5-9)$$

其中，k 为第 k 个专家返回的结果，$k \in [1,15]$；l 是 8 个调查数据矩阵，$l \in [1,8]$；n_l 代表第 l 个矩阵的阶数。例如，矩阵 1（一级指标矩阵）包括 7 个指标则 $n_1 = 7$。

5.2.2 调查结果的一致性检验

为保证判断矩阵结果的合理性和科学性，需要对专家填写数据的一致性进行判断。设 $\lambda_{\max}$ 为矩阵 A 的最大特征根，则矩阵平均值为：

$$CI = \frac{\lambda_{\max} - n}{n - 1}。 \quad (5-10)$$

一致性比率为：

$$CR = \frac{CI}{RI}。 \quad (5-11)$$

其中，RI 为平均随机一致性指标，与矩阵阶数 n 相对应，对应关系如表 5-6 所示。

表 5-6 平均随机一致性指标与矩阵结束对应关系

矩阵阶数	1	2	3	4	5	6	7	8	9	10
RI	0	0	0.58	0.90	1.12	1.24	1.32	1.41	1.45	1.49

当 CR 不大于 0.1 时，可以认为矩阵的一致性可靠。否则需要将调查表发回专家重新调整填写。

5.2.3 计算权重

独立矩阵 $A(a_{ij})$ 中，每个指标的权重计算公式为：

$$w_i = \frac{1}{n-1} \sum_{j=1}^{n} \frac{a_{ij}}{\sum_{k=1}^{n} a_{kj}}。 \tag{5-12}$$

用 15 个专家的矩阵分别计算各项指标权重，取平均值。再对同类同级权重进行归一化处理。归一化处理的公式为：

$$w'_i = \frac{w_i}{\sum w}。 \tag{5-13}$$

第一级指标矩阵只有 1 个，因此第一级指标权重的和为 1。第二级指标矩阵有 7 个，在每一个矩阵内，指标权重之和为 1。实际应用中，第二级权重还要乘以对应的第一级指标，使得全部第二级指标权重之和也为 1。

$$w''_i = w'_i（本级指标的权重）\times w'_i（对应上级矩阵指标的权重）。 \tag{5-14}$$

$$\sum w''_i = 1。 \tag{5-15}$$

最后得到各项指标的权重数值（表 5-7）。

表 5-7 基于知识系统信息熵的期刊评价指标体系和权重

	准则层（一级指标）	权重	指标层（二级指标）	权重
1	A1 规模度	0.2053	A11 论文数量	0.0314
			A12 AR 论文比	0.0887
			A13 红点指标	0.0853
2	A2 广泛性	0.1597	A21 他引率	0.0650
			A22 开放因子	0.0670
			A23 扩散因子	0.0277
3	A3 可持续性	0.0830	A31 一般基金论文比	0.0178
			A32 国家和省部级以上基金论文比	0.0652
4	B1 合作性	0.0744	B11 省内合作论文比	0.0213
			B12 省际合作论文比	0.0232
			B13 海外合作论文数	0.0299
5	B2 开放度	0.1207	B21 机构分布数	0.0393
			B22 作者分布数	0.0310
			B23 地区分布数	0.0505
6	B3 影响力	0.2118	B31 总被引频次	0.0838
			B32 影响因子	0.1045
			B33 学科影响指标	0.0235
7	B4 竞争力	0.1450	B41 发文份额	0.0511
			B42 文献选出率	0.0634
			B43 竞争压力	0.0304

5.3 实证：以中国 3713 种科技类学术期刊作为样本

5.3.1 样本的特点

本研究选取的样本期刊与 4.3 节一致，仍然是 2014 年国家新闻出版广电总局发布的"第一批认定学术期刊名单"的 3713 种科技类学术期刊。该样本具有以下特点。

①样本数量较大。全国自然科学期刊的总量为 5000 种左右,样本数量所占比例已经显著超过 70%。如果考虑到自然科学期刊中还有相当一部分不是报道原创科技研究内容成果的期刊（如指导类期刊、市场类期刊、科普类期刊及报道内容为二次文献的文摘类和编译翻译类期刊），则该样本的数量和规模就可以认为接近学术期刊的全样本。

②覆盖面较全。按照学术期刊认证工作的组织方式，候选名单是全国各省级新闻出版广电行政管理部门组织专家对所辖学术期刊（含中央单位主管地方单位主办的期刊）进行初步认定，各中央期刊主管部门组织专家对所属在京学术期刊进行初步认定，因此期刊的行政区划覆盖面比较全。同时，学科覆盖面也比较完整。

③认定标准统一。在这个认定名单的工作程序中，由原国家新闻出版总署提出 8 条统一的认定标准，由各地区、各部门按照这个全国一致的学术期刊认定标准，组织开展各自的学术期刊认定工作，后面又经过由原国家新闻出版总署组织的专家对报送的学术期刊进行终审认定，并经向全社会公示后确定名单。因此，这次对学术期刊认定采用的是非常一致的标准。

5.3.2 采集数据计算各项指标

本研究以万方数据库（2012—2016 年）所收录的全部期刊论文和引文数据作为统计数据来源。本研究所使用的 3713 种期刊样本全部通过万方数据库获取。

根据前文设计的期刊评价指标体系，按照各项二级指标的定义和计算方法，计算每种期刊的各单项指标。形成逻辑上的期刊评价矩阵 $A(a_{ij})$，其中 i 代表 3713 种期刊中的第 i 种期刊、j 代表 20 个二级指标中的第 j 个指标、a_{ij} 代表第 i 种期刊第 j 个指标的数值。

首先需要对指标进行标准化转化形成矩阵 $B(b_{ij})$：

$$b_{ij} = \frac{a_{ij} - \min\{a_{1j}, a_{ij}, \cdots, a_{nj}\}}{\max\{a_{1j}, \cdots, a_{ij}, \cdots, a_{nj}\} - \min\{a_{1j}, \cdots, a_{ij}, \cdots, a_{nj}\}} \text{。} \quad (5-15)$$

其中，$\min\{a_{1j}, \cdots, a_{ij}, \cdots, a_{nj}\}$ 代表 j 指标项上，同学科 n 种期刊的 a_{ij} 的最小值，$\max\{a_{1j}, \cdots, a_{ij}, \cdots, a_{nj}\}$ 代表 j 指标项上，同学科 n 种期刊的 a_{ij} 的最大值。

再根据每个指标的不同权重计算每种期刊 i 所得到的加权总分。以天文学科 6 种期刊为例，天文学 6 种期刊 2016 年各项评价指标数值如表 5-8 所示。

表 5-8 天文学期刊 2016 年指标矩阵

指标层	期刊1	期刊2	期刊3	期刊4	期刊5	期刊6
A11 论文数量	353	34	122	89	142	230
A12 AR 论文比	0.89	1.00	0.99	0.92	1.00	0.93
A13 红点指标	0.92	0.59	0.75	0.88	0.84	0.78
A21 他引率	0.91	0.87	0.74	0.82	0.88	0.94
A22 开放因子	11.7	6.8	3.5	5.5	4.5	6.5
A23 扩散因子	67.4	13.5	23.5	24.5	22.5	13.4
A31 一般基金论文比	0.84	0.97	0.83	0.99	0.96	0.86
A32 国家和省部级以上基金论文比	0.77	0.92	0.76	0.89	0.95	0.81
B11 省内合作论文比	0.16	0.24	0.15	0.06	0.23	0.31
B12 省际合作论文比	0.09	0.15	0.12	0.21	0.14	0.12
B13 海外合作论文数	0.03	0.00	0.01	0.01	0.02	0.01
B21 机构分布数	106	15	52	25	24	36
B22 作者分布数	3.1	3.1	2.4	2.5	2.1	2.8
B23 地区分布数	21	6	14	15	12	15
B31 总被引频次	3241	342	645	430	275	721

续表

指标层	期刊1	期刊2	期刊3	期刊4	期刊5	期刊6
B32 影响因子	0.284	0.673	0.246	0.426	0.215	0.414
B33 学科影响指标	0.75	0.65	0.51	0.23	0.67	0.78
B41 发文份额	0.36	0.04	0.13	0.09	0.15	0.24
B42 文献选出率	0.96	1.00	0.99	1.00	1.00	0.95
B43 竞争压力	12.5	34.3	45.2	36.3	25.5	19.1

5.3.3 计算期刊加权评分

根据式（3-3），天文学6种期刊2016年各项评价指标的标准化转化矩阵如表5-9所示。

表5-9 天文学期刊2016年期刊指标标准化转化矩阵

指标层	期刊1	期刊2	期刊3	期刊4	期刊5	期刊6
A11 论文数量	1.00	0.00	0.28	0.17	0.34	0.61
A12 AR论文比	0.00	1.00	0.91	0.27	1.00	0.36
A13 红点指标	1.00	0.00	0.48	0.88	0.76	0.58
A21 他引率	0.85	0.65	0.00	0.40	0.70	1.00
A22 开放因子	1.00	0.40	0.00	0.24	0.12	0.38
A23 扩散因子	1.00	0.00	0.19	0.21	0.17	0.00
A31 一般基金论文比	0.06	0.88	0.00	1.00	0.81	0.19
A32 国家和省部级以上基金论文比	0.05	0.84	0.00	0.68	1.00	0.26
B11 省内合作论文比	0.40	0.72	0.36	0.00	0.68	1.00
B12 省际合作论文比	0.00	0.50	0.25	1.00	0.42	0.25

续表

指标层	期刊1	期刊2	期刊3	期刊4	期刊5	期刊6
B13 海外合作论文数	1.00	0.00	0.33	0.33	0.67	0.33
B21 机构分布数	1.00	0.00	0.41	0.11	0.10	0.23
B22 作者分布数	1.00	1.00	0.30	0.40	0.00	0.70
B23 地区分布数	1.00	0.00	0.53	0.60	0.40	0.60
B31 总被引频次	1.00	0.02	0.12	0.05	0.00	0.15
B32 影响因子	0.15	1.00	0.07	0.46	0.00	0.43
B33 学科影响指标	0.95	0.76	0.51	0.00	0.80	1.00
B41 发文份额	1.00	0.00	0.28	0.17	0.34	0.61
B42 文献选出率	0.20	1.00	0.80	1.00	1.00	0.00
B43 竞争压力	0.00	0.67	1.00	0.73	0.40	0.20

再根据表5-7所列各项指标权重，天文学6种期刊2016年各项评价指标加权分值和最终加权评价总分的计算结果如表5-10所示。

表5-10 天文学期刊2016年指标加权计算结果矩阵

指标层	期刊1	期刊2	期刊3	期刊4	期刊5	期刊6
A11 论文数量	0.0314	0.0000	0.0087	0.0054	0.0106	0.0193
A12 AR论文比	0.0000	0.0887	0.0806	0.0242	0.0887	0.0323
A13 红点指标	0.0853	0.0000	0.0414	0.0750	0.0646	0.0491
A21 他引率	0.0553	0.0423	0.0000	0.0260	0.0455	0.0650
A22 开放因子	0.0670	0.0270	0.0000	0.0163	0.0082	0.0253
A23 扩散因子	0.0277	0.0001	0.0052	0.0057	0.0047	0.0000
A31 一般基金论文比	0.0011	0.0156	0.0000	0.0178	0.0145	0.0033

续表

指标层	期刊1	期刊2	期刊3	期刊4	期刊5	期刊6
A32 国家和省部级以上基金论文比	0.0034	0.0549	0.0000	0.0446	0.0652	0.0172
B11 省内合作论文比	0.0085	0.0153	0.0077	0.0000	0.0145	0.0213
B12 省际合作论文比	0.0000	0.0116	0.0058	0.0232	0.0097	0.0058
B13 海外合作论文数	0.0299	0.0000	0.0100	0.0100	0.0199	0.0100
B21 机构分布数	0.0393	0.0000	0.0160	0.0043	0.0039	0.0091
B22 作者分布数	0.0310	0.0310	0.0093	0.0124	0.0000	0.0217
B23 地区分布数	0.0505	0.0000	0.0269	0.0303	0.0202	0.0303
B31 总被引频次	0.0838	0.0019	0.0105	0.0044	0.0000	0.0126
B32 影响因子	0.0157	0.1045	0.0071	0.0481	0.0000	0.0454
B33 学科影响指标	0.0222	0.0179	0.0120	0.0000	0.0188	0.0235
B41 发文份额	0.0511	0.0000	0.0141	0.0088	0.0173	0.0314
B42 文献选出率	0.0127	0.0634	0.0507	0.0634	0.0634	0.0000
B43 竞争压力	0.0000	0.0203	0.0304	0.0221	0.0121	0.0061
加权评分	0.6160	0.4944	0.3362	0.4421	0.4817	0.4287

5.3.4 实证结果的讨论

前文通过被评价期刊缺位时对应知识系统的信息熵虚拟量与被评价期刊在位时对应知识系统的信息熵背景量之差值测度了全部样本期刊对相应知识系统信息熵变化的贡献指标 ΔH，还通过层次分析法为评价指标体系中各项指标赋权，对每种学术期刊进行了加权评分计算。为了判断指标之间的相关关系，本研究将这两个指标的数值与影响因子进行了对比。延续前文示例，仍以天文学学科6种期刊为例，结果如表5-11所示。

表 5-11　天文学科期刊对知识系统的贡献、加权评分、影响因子指标对比

指标层	期刊 1	期刊 2	期刊 3	期刊 4	期刊 5	期刊 6
对知识系统的贡献	0.68	0.56	-0.05	0.07	0.24	0.09
加权评分	0.6160	0.4944	0.3362	0.4421	0.4817	0.4287
影响因子	0.284	0.673	0.246	0.426	0.215	0.414

（1）期刊加权评分与对知识系统贡献 ΔH 的相关性

综合评价指标体系与对知识系统的贡献这 2 个指标体系都采用相同的 7 个维度（变量）作为设计框架，因此期刊加权评分与对知识系统的贡献 ΔH 有较明显的相关关系。

例如，在天文学科，期刊对知识系统的贡献 ΔH 和加权评分的相关关系如图 5-5 所示：二者的相关系数 R^2 为 0.8256，虽然达不到显著相关的水平，但是显然二者之间存在较强联系。也就是说，通过期刊综合评价指标体系中期刊各项数据的表现，结合各种期刊及所在学科的具体情况，可以分析期刊对知识系统贡献的方式。

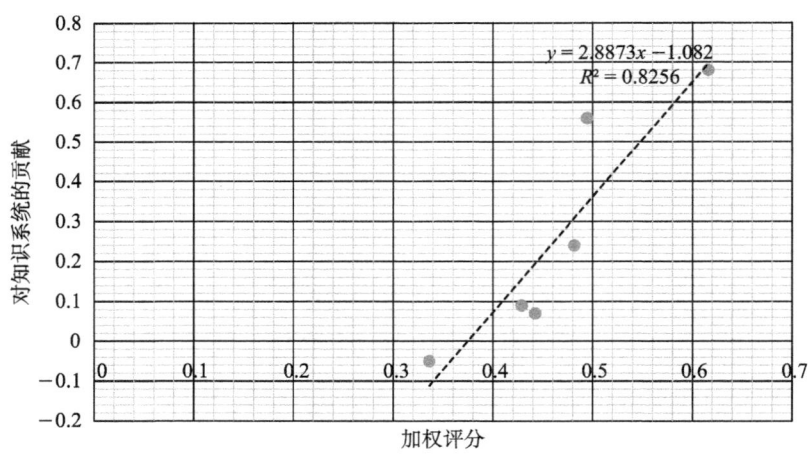

图 5-5　天文学科期刊加权评分与对知识系统的贡献 ΔH 的关系

对全部学科进行同样的计算，加权评分与对知识系统贡献 ΔH 的线性相

关系数 R^2 的分布如表 5-12 所示，多数处在相关系数较高区间。

表 5-12　各学科加权评分与对知识系统贡献 ΔH 的相关系数分布

相关系数	学科数/个	占比
[0.9, 1]	2	1%
[0.8, 0.9)	35	23%
[0.7, 0.8)	56	37%
[0.6, 0.7)	36	24%
[0.5, 0.6)	23	15%
0.5 以下	0	0
合计	152	100%

（2）影响因子与对知识系统贡献 ΔH 的相关性

期刊影响因子是经典评价指标，由 SCI 之父加菲尔德发明，通常用于表征期刊的影响力，但存在一定的局限性。

仍以天文学为例，通过图 5-6 可以看到影响因子与对知识系统的贡献没有相关性。

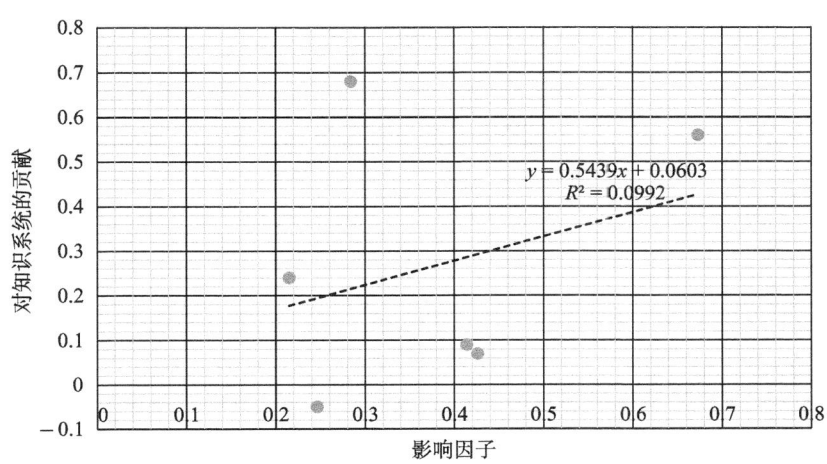

图 5-6　天文学科期刊影响因子与对知识系统的贡献的关系

对全部学科进行同样的计算，得到影响因子与对知识系统贡献 ΔH 的线性相关系数 R^2 的分布如表 5-13 所示，多数集中在相关系数较低区间。

表 5-13 各学科影响因子与对知识系统贡献 ΔH 的相关系数分布

相关系数	学科数/个	占比
0.5 及以上	1	1%
[0.4~0.5)	4	3%
[0.3~0.4)	51	34%
[0.2~0.3)	37	24%
[0.1~0.2)	42	28%
[0~0.1)	17	11%
合计	152	100%

（3）期刊加权评分与影响因子的对比

影响因子是综合评价体系中的一个指标，权重为 0.1045，是权重最高的指标，也是唯一一个权重超过 0.1 的指标。由此可见，专家意见普遍比较重视影响因子的评价作用。仍以天文学为例，通过图 5-7 可以看到影响因子这个指标与加权评价结果的相关性也比较弱。

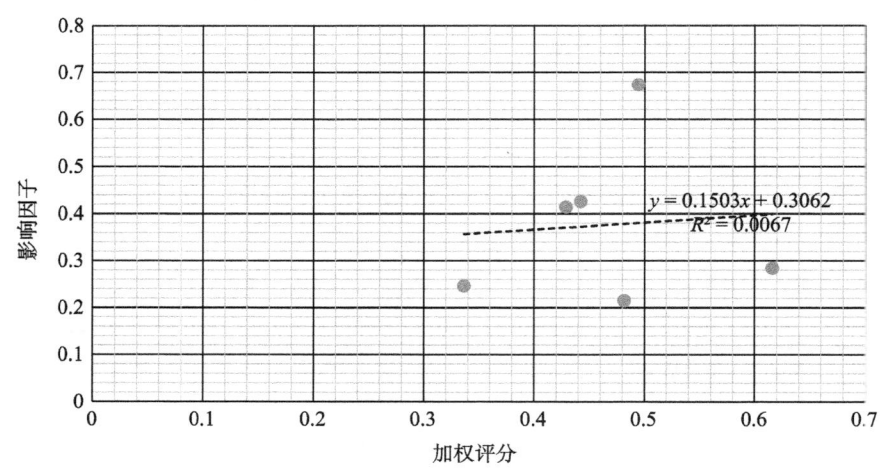

图 5-7 天文学科期刊加权评分与影响因子的关系

对全部学科进行同样的计算，得到影响因子与加权评分的线性相关系数 R^2 的分布如表 5-14 所示，多数集中在相关系数较低区间。

表 5-14　各学科影响因子与加权评分的相关系数分布

相关系数	学科数/个	占比
0.5 及以上	0	0
[0.4~0.5)	2	1%
[0.3~0.4)	46	30%
[0.2~0.3)	47	31%
[0.1~0.2)	36	24%
[0~0.1)	21	14%
合计	152	100%

5.4　本章小结

本研究以测度被评价期刊对知识系统引入的负熵为目标，构建了基于信息熵的学术期刊指标评价体系。评价体系的理论基础是前文所验证的理论，将不确定性分解为静态层面的分布状态不确定性和动态层面的关系状态不确定性。再根据计算知识系统信息熵的 7 个分系统，构建了期刊评价指标体系的 7 个准则层指标（一级指标）。在每个准则层下设计二级指标，既考虑了指标的含义和指标之间的逻辑关系，又考虑了指标的可获得性和运算可操作性。在全部 20 个指标之中，包括已经在广泛应用的常规性成熟指标，也包括新研制的"红点指标""竞争压力"等创新指标。采用层次分析法和德尔菲专家调查法对评价体系指标赋予权重。

本研究以 2014 年国家新闻出版广电总局发布的"第一批认定学术期刊名单"的 3713 种科技类学术期刊作为样本进行实证研究，发现综合评价指标体系与对知识系统的贡献这 2 个指标体系都采用相同的 7 个维度（变量）作为设计框架，因此期刊加权评分与对知识系统的贡献 ΔH 有较明显的相关关系，与影响因子等传统指标数值相关性不明显。

第6章

结论和讨论

6.1 主要结论

①本研究梳理了热力学熵和信息熵的概念定义与实践应用,考察了学术期刊评价理论与方法的进展及学术期刊传播模式的发展趋势,归纳相关文献后发现,学术期刊的评价方法可以划分为3种类型:基于同行评议的评价、基于传统计量学的评价和基于替代计量学的评价。学术期刊之间引用关系是描述和反映学术期刊发挥"信道"功能的有效工具。从情报学角度看,学术期刊的识别、监测、评价和管理等问题在某种程度上可以归结为学术信息集合的静态和动态的定量测度问题。信息熵这一概念的提出,解决了信息度量的问题。

②本研究在知识系统信息熵模型基础上,提出了基于熵变化来评价学术期刊对学科发展贡献的理念。从信息熵的视角开展学术期刊的评价,就是看学术期刊能否通过自身组稿、审稿、编稿、发稿、传播等环节的高效率工作,出版传播有学术意义的研究论文;是否能促进学科发展,减少学科体系内知识观点的混乱程度。

③本研究设计了基于知识系统信息熵的期刊评价指标系统,采用层次

分析法①和专家调查法确定指标体系与结构，共包括 7 个准则层指标（一级指标）和 20 个二级指标。并以 2014 年国家新闻出版广电总局第一批认定的 3713 种科技类学术期刊作为实证样本，应用期刊评价指标系统对之进行评价后发现：被评价期刊缺位时知识系统的信息熵虚拟量和被评价期刊在位时知识系统的信息熵背景量的差值 ΔH，可以用于测度被评价期刊对知识系统的贡献。大部分学术期刊对降低整个学科知识系统的混乱程度有所贡献，也就是学术出版活动发挥了其必要功能。期刊对知识系统的贡献和加权评分的相关性虽然达不到显著相关的水平，但是二者之间显然存在联系。也就是说，可以通过期刊综合评价指标体系对被评价期刊的数据评判，结合各种期刊及所在学科的具体情况，分析被评价期刊对知识系统做出贡献的相关因素。期刊对知识系统的贡献和加权评分这 2 个指标与期刊的影响因子指标数值的相关性都很弱。

④在各学科当中，只有很少一部分期刊能够充分发挥学术期刊的核心功能，相对显著地减少科学认识中的不确定因素，表现在学科系统信息熵有明显减少；同时，多数期刊对减少科学认识不确定性的作用十分有限。这一现象与布拉德福定律学科核心区期刊的概念有些类似。布拉德福发现，少数核心期刊发表较多高质量论文；本研究发现，少数期刊对减少学科知识系统的不确定性做出了较大贡献。

⑤本研究提出了知识系统信息熵的用途：因为学科知识增长和传播系统具有显著的系统属性，因此可以把一个学科领域的知识集合作为一个孤立系统进行研究。对学科知识系统信息熵状态的变化进行测度，就是对系统不确定性变化的测度。这种变化，是因为期刊论文对系统引入了负熵。本研究设计了知识系统信息熵的模型。对于一个学科领域的发展来说，随着时间的推移，通过学术传播所实现的知识积累和交流，人类对科学规律和发展方向的认知会逐步清晰。

---

① 王秀成. 科技期刊质量的层次分析综合评价法 [J]. 情报学刊, 1989（5）：14-19，81.

6.2 研究成果的适用性和比较优势

6.2.1 研究成果的适用性

基于信息熵的评价方法，适用于信息量规模大、增量显著、信息结构复杂、存在一定时序变量的复杂系统。这类系统的节点指标之间的相互关系复杂，节点相互之间的关联性和联动机制较难梳理，特异性普遍较强，指数离散程度较大，总体表现为系统的不确定性较强。

在对科技期刊的评价实践中，人们往往面临的就是这样一种复杂系统。科技期刊群体作为被评价对象，具有信息量规模大并且保持信息总量增加的系统特征。同时，涉及科技期刊信息价值判断的相关因素很多，其相互之间的联系复杂。在以往的评价实践中，已经出现过于强调某一个指标因素（如影响因子）而忽视或者不够重视保持评价体系不同指标之间的平衡，造成评价结果的不公正、不科学。而如果只着眼于单个指标的研制开发和实践，就很难在各个指标之间找到平衡点，维持评价体系的平衡态。[①] 本研究提出基于整个知识系统的信息熵变化对期刊进行评价的方法，就是看期刊是否对学科知识系统做出了贡献。

6.2.2 基于信息熵的期刊评价方法相对于以往方法的比较优势

基于信息熵的期刊评价方法用知识系统熵的变化反映被评价期刊的贡献，与传统的以引文分析方法为主的定量分析方法相比有所突破。采用"评价知识贡献来替代评价质量"的评价思路，是以往"评价学术影响来替代评价质量"评价思路的重要补充。

相对于以往的期刊评价方法，基于信息熵的期刊评价方法具有以下几点优势。

---

① 邢修三. 再论统计物理基本方程：非平衡熵及其演化方程 [J]. 中国科学 A 辑，1998，28（1）：62-71.

①相对于强调期刊论文数量和增量、关注出版能力、刊载信息总量等传统评价方法,基于信息熵的期刊评价方法更加关注期刊所提供的信息对知识系统的贡献,信息的增量如果没有改善甚至加剧了知识系统的不确定性,那么这部分信息增量其实带来了知识系统的熵增过程,或者说没有减弱系统的不确定性,反而加剧了混乱程度,那么信息增量是价值不高的,意味着期刊的贡献和价值有限。基于信息熵的期刊评价方法间接地反映期刊出版活动的学术价值。

②相对于同行评议方法,基于信息熵的期刊评价方法采用客观定量指标数据测度期刊贡献,可以有效地解决同行评议专家由于个人视野局限和过于依赖经验所造成的主观性偏颇问题,也可以有效地避免某些同行评议专家受个人及其所在研究机构、研究团队的利益考虑或其他相关因素的影响,而导致的利益冲突下的公平性和公正性缺失问题。① 当然,同行评议方法在当前评价实践活动中仍发挥着不可替代的作用,基于信息熵的期刊评价方法与同行评议方法结合使用,能更加有效地发挥作用。② 例如,可以采取将定量指标作为背景性资料,提供给专家作为同行评议环节的参考数据,也可以采取定量评价和同行评议平行进行评价,再以一定算法对两套结果进行相互校验。

③相对于基于传统计量学指标的学术期刊评价方法,基于信息熵的期刊评价方法不仅关注学术期刊刊载内容的学术影响力,而且同时关注学术期刊静态层面的分布状态和动态层面的合作性、开放度与竞争力等方面的表现,能较好地描述基于期刊论文构建的知识系统的不确定性及不确定性的变化程度。

④相对于基于替代计量学的学术期刊评价方法,基于信息熵的期刊评价方法所采用的指标体系注重有效、全面反映期刊对知识系统的贡献,而

---

① 谭潇,段春波,于普林.Web 3.0 时代科技期刊同行评议的探索与尝试[J].编辑之友,2013(1):42-44.

② 张学颖,罗萍.Web 3.0 时代学术期刊开放同行评议的实质和审稿模型构建[J].编辑学报,2016,28(3):220-223.

非依赖某一个特定的数据来源，因此其指标的鲁棒性相对加强，而一定程度上避免了人为干扰评价指标数据的问题，在评价数据的严谨性和数据一致性方面具有相对优势。① 同时也应意识到，由于替代计量指标的开放性和多元性特点，未来如果能研究突破并有效解决公众关注度和学术影响力之间的转化条件和数量关系模型问题，替代计量指标完全可以补充引入基于信息熵的期刊评价指标体系之中。

6.2.3 评价指标体系的比较优势

相对于现有的学术期刊评价体系，基于信息熵思想的期刊评价指标体系是以对知识贡献的测度作为评价核心内容，而现有的期刊评价体系是将对学术影响的测度作为核心内容。二者结合使用可以互为补充，能更加全面地测度学术期刊的质量。

（1）现有的学术期刊评价体系主要是通过测度学术影响来替代质量评价，应用广泛但同时也具备局限性

目前在国内应用较为广泛的科技学术期刊遴选体系，以中信所发布的中国科技核心期刊（中国科技论文统计源期刊）、中科院文献情报中心发布的中国科学引文数据库（CSCD）收录期刊、北京大学图书馆发布的中文核心期刊为代表。在人文社会科学领域，影响较大的还有南京大学发布的中文社会科学引文索引（CSSCI）收录期刊、中国社会科学院评价研究院发布的中国人文社会科学核心期刊等。

以上评价体系的定量方法基本上都是借鉴了加菲尔德所创办的科学引文索引系列数据库，包括 SCI（科学引文索引）、SSCI（社会科学引文索引）、A&HCI（艺术人文引文索引）等专门领域数据库评价方法的设计思路，即以引用数据来表征文献的学术影响，进而以对单篇论文或论文集合（如学术期刊）被引用情况（学术影响）的描述和评价作为替代来满足对单

---

① 闻浩，陆梦洁. 定量测量 Bland-Altman 一致性评价方法研究及临床应用［J］. 医学研究生学报，2015，28（10）：1107-1111.

篇论文或论文集合的质量评价需求。在"学术影响可以作为质量的替代变量"这个假设成立的前提下，或者说在相对一致的评价背景下，在没有人为干预操纵评价结果的情况下，对"学术影响"的评价可以替代"学术质量"的评价。① 也正因为这样，在我国，现有学术期刊评级体系具有较广泛的应用。当存在相对复杂的情况时，对"引用"的描述并不能准确反映对"学术影响"的描述，或者对"学术影响"的评价并不能有效地替代对"学术质量"的评价，现有期刊评价体系之评价结果的公正性和实用性就会有所偏差。

在现有各个体系的评价工作实践中，往往在定量评价的基础上，再附加同行评议的方式对定量评价结果进行校正。尽管不同评价体系嵌入同行评议的机制流程有所不同，同行评议环节对定量结果的校正和影响力度也有所差异，但是同行评议制度所具备的一般共性缺陷也是无法避免的，如评议者出于个人及小团体的利益考虑而产生的公正性问题、评议者工作态度和责任心的不可预见而产生的随意性问题、评议者专业知识和参与评议工作的经验差异而导致的一致性问题等。

因此，不断探索多元化、多角度的期刊评价体系更加有利于科学建设学术期刊②，体现学术期刊的知识传播价值，并且在科研绩效评价活动中，把学术期刊作为积极有效的评判因素来正确使用。

（2）与现有期刊评价体系的评价思路不同，基于信息熵的评价方法通过对知识贡献的测度，进而实现对学术期刊质量的评价

在期刊评价领域应用信息熵的概念，实质上是通过比较被评价期刊在位和缺位状态下的知识系统熵变化，来反映被评价期刊的贡献大小。并且为了进一步探索解读被评价期刊引起信息熵变化的可能机制，尝试用与信息熵特性相对应的指标体系来定量描述期刊的各方面情况。在指标设计上，

---

① 林海清，翁志辉. 浅议学术期刊常用评价指标及其局限性 [J]. 农业图书情报学刊，2010，22（2）：192-194.

② 彭琳，杜杏叶. 科技期刊实施开放式同行评议策略研究 [J]. 中国科技期刊研究，2018，29（11）：1114-1121.

本研究采用了一部分传统指标，包括文献分布指标和引文分析指标，同时也应用了一部分较新颖的指标，如红点指标、竞争强度指标等。在指标设计上体现了科学性和创新性，也充分考虑了可操作性。

6.3 讨论

6.3.1 未来研究展望

未来将重点从两个方面开展后续研究工作。

①尝试解读和阐释知识系统的信息熵变化与学科属性（如学科规模、学科独立性、学科所处生命周期发展阶段、学科融合的演进状态等）之间的关联性。

②探索更多更广泛的应用场景，并利用来自应用实践的反馈信息，完善理论构建及指标体系结构的设计。

6.3.2 研究成果的应用场景

（1）在世界一流科技期刊建设中的应用

基于信息熵的期刊评价指标体系，对世界一流科技期刊的定义、评价方法设计、项目目标设计和考核模式等工作可以起到支撑作用，有助于引导我国科技期刊建设工作有的放矢，切实推动更多优秀学术期刊完成"传承人类文明，荟萃科学发现，引领科技发展"的使命。

（2）在期刊管理评价工作中的应用

我国在国家层面和各个管理部门层面开展的科技期刊管理评价工作中，可参考、应用基于信息熵的期刊评价体系，扭转唯影响因子导向、唯 SCI 论文导向等不符合现实发展需求的导向，转向对贡献显著的期刊予以鼓励和支持，对贡献很小的期刊，或促其改进提升，或促其转型，或及时淘汰以提升管理资源使用效率。

（3）参考不同类型期刊对学科发展贡献负熵的分布情况，重新建立适合新时代的期刊分类体系，对不同类型期刊进行区别管理和评价

随着学术出版领域出版形式、内容组织方式的不断演变，作者群体和读者群体的变迁重构，以及信息传播技术和出版市场的迅速发展，现代期刊发展迫切需要符合发展现状和未来导向的期刊分类管理与评价体系。建议管理部门在广泛调研的基础上，在期刊的分类维度、分类目标、分类属性、分类经营方式、分类评价办法等方面提出指导性标准，对学术性强又属于我国优势重点发展领域的学术期刊放开审批，鼓励多创办新的期刊。

（4）重点关注对于知识系统长期未做出负熵贡献或贡献度极低的期刊，丰富完善期刊预警名单和黑名单发布工作

部分科技期刊单纯追求经济收益，罔顾学术质量和出版规范，采用不诚信的做法，收取高额费用的同时滥发大量低水平和弄虚作假而成的论文。这样的期刊都应列入期刊预警名单和黑名单。在完善优化预警名单和黑名单发布体系的同时，还需要开展广泛宣传，积极引导大家在科技评价工作和相关管理工作中合理使用两个名单，对弄虚作假、破坏正常学术出版秩序的期刊出版者予以及时、严肃处理。与此同时，还需要面向作者、出版单位、科技管理单位等不同对象，系统设计和精心组织出版诚信方面的专项培训工作，建议将此培训列入各相关出版单位的年度继续教育和培训计划。